COMMENT RÉAMÉNAGER NOTRE RUSSIE ?

DU MÊME AUTEUR

UNE JOURNÉE D'IVAN DÉNISSOVITCH, Julliard, 1963.
LA MAISON DE MATRIONA,
suivi de l'INCONNU DE KRETCHÉTOVKA et
de POUR LE BIEN DE LA CAUSE, Julliard, 1966.
LE PAVILLON DES CANCÉREUX, Julliard, 1968.
LE PREMIER CERCLE, Laffont, 1968.
LES DROITS DE L'ÉCRIVAIN, Seuil, 1969.
ZACHARIE L'ESCARCELLE ET AUTRES RÉCITS, Julliard, 1970.
LA FILLE D'AMOUR ET L'INNOCENT
LA RÉPUBLIQUE DU TRAVAIL, Laffont, 1971.
AOÛT QUATORZE (première version), Seuil, 1972.
L'ARCHIPEL DU GOULAG, I et II, Seuil, 1975, III, Seuil, 1976
LE CHÊNE ET LE VEAU, Seuil, 1975.
LÉNINE À ZURICH, Seuil, 1975.
FLAMME AU VENT, Seuil, 1977.
LE DÉCLIN DU COURAGE, Seuil, 1978.
MESSAGE D'EXIL, Seuil, 1979.
L'ERREUR DE L'OCCIDENT, Grasset, 1980.
LES TANKS CONNAISSENT LA VÉRITÉ, Fayard, 1982.
LES PLURALISTES, Fayard, 1983.

Dans la série des Œuvres en version définitive :

Tome 1. LE PREMIER CERCLE, Fayard, 1982.
Tome 2. LE PAVILLON DES CANCÉREUX et autres récits, Fayard, 1983.
Tome 3. ŒUVRES DRAMATIQUES, Fayard, 1986.

La Roue rouge

Premier nœud, AOÛT QUATORZE *(version complète),* Fayard, 1984.
Deuxième nœud, NOVEMBRE SEIZE, Fayard-Seuil, 1985.

Alexandre Soljénitsyne

Comment réaménager notre Russie ?

Réflexions dans la mesure de mes forces

Traduit du russe
par Geneviève et José Johannet

Fayard

L'astérisque accompagnant certains mots renvoie à un petit index explicatif que le lecteur trouvera p. 113.

DANS L'IMMÉDIAT

L'horloge du communisme a sonné tous ses coups.
Mais l'édifice de béton ne s'est pas encore écroulé.
Et il ne faudrait pas qu'au lieu d'en sortir libérés, nous périssions écrasés sous ses décombres.

Nous sommes au bout du rouleau

Qui d'entre nous ne connaît aujourd'hui nos malheurs, même dissimulés sous des statistiques mensongères ? Pendant les soixante-dix ans où nous nous sommes traînés à la remorque de l'utopie marxo-léninienne, aveugle et maligne de naissance, c'est le tiers de notre population que nous avons soit délibérément supprimé, soit naufragé dans une « Grande guerre nationale » conduite de manière obtuse et même suicidaire. Perdant l'abondance de jadis, nous avons anéanti la classe paysanne et ses villages, nous avons retiré aux hommes jusqu'au goût de faire pousser le blé et à la terre l'habitude de donner des moissons — une terre que nous avons, de surcroît, noyée sous d'immenses retenues marécageuses. A force d'y rejeter les déchets d'une industrie primitive, nous avons rendu immondes les environs des villes, empoisonné fleuves, lacs, poissons, et finissons actuellement d'infecter l'eau, l'air et la terre, ajoutant encore à tout le reste la mort atomiquc, achetant en outre pour les conserver des déchets radioactifs occidentaux. Pour notre ruine, grosse de futurs accaparements sous une direction aux abois, nous avons anéanti nos riches forêts et pillé notre incomparable sous-sol : cet héritage irremplaçable que nous devions à nos arrière-petits-enfants, nous l'avons impitoyablement dilapidé en le vendant à l'étranger. Nous avons exténué nos femmes sous le bât de travaux harassants, nous les avons arrachées à leurs enfants pour livrer ces enfants eux-mêmes aux maladies, à la barbarie et à un simulacre d'instruction. Alors que la santé publique est chez nous en pleine déréliction, que nous manquons de médicaments et avons déjà oublié ce qu'est une alimentation saine, que des millions de gens sont sans toit, que dans toutes les profondeurs du pays s'étale la même impuissance de l'individu sans droits, la seule chose à laquelle nous tenons est qu'on nous laisse nous adonner sans frein à l'ivrognerie.

Mais l'être humain est ainsi constitué que nous pouvons supporter toute notre vie, s'il le faut, cette absurdité et ce saccage, — à condition que quelqu'un ne s'avise pas d'attenter, de faire injure à notre n a t i o n ! Là, nul ne saurait plus nous maintenir dans notre ancienne patience, là nous saisissons avec l'audace du courroux pierres, bâtons, piques et fusils, et nous nous précipitons sur nos voisins pour les tuer et incendier leurs maisons. L'homme est ainsi fait : nul ne saurait nous convaincre que la disette, la misère, les morts prématurées, la dégénérescence des enfants — que l'un de ces fléaux doit passer avant notre orgueil national !

Et c'est pour cette raison qu'au moment d'avancer un certain nombre de propositions pour nous rendre la santé et nous réorganiser, nous sommes contraints, au lieu de commencer par les ulcères qui nous vrillent et les souffrances qui nous exténuent, de répondre à cette question préliminaire : qu'en sera-t-il des nationalités ? dans quelles limites géographiques allons-nous lutter contre le mal ou en mourir ? Ensuite seulement nous parlerons des remèdes.

Que doit-on appeler « Russie » ?

On a éculé, on a galvaudé ce nom de « Russie ». Chacun l'invoque chez nous à tout propos et hors de propos. Et chaque fois que le monstre URSS avançait la patte vers un morceau d'Asie ou d'Afrique, le monde entier répétait à son tour : « la Russie », « les Russes »...

Que doit-on appeler « Russie » ? Aujourd'hui. Et aussi demain (ce qui est encore plus important). Qui se sent aujourd'hui appartenir à la Russie de demain ? Et où les Russes eux-mêmes voient-ils les limites de la Russie ?

En trois quarts de siècle — tandis qu'on nous bourrait le crâne et cassait les oreilles avec « l'amitié socialiste entre les peuples » — le pouvoir communiste a tellement laissé pourrir, embrouillé et souillé de crimes les rapports entre les peuples, qu'on ne voit plus par quels chemins nous pourrions retrouver cette vie commune tranquille, à une triste exception près, cet oubli, même somnolent, des différences qui avaient presque été atteints au cours des dernières décennies de la Russie pré-révolutionnaire. Peut-être aurait-il été encore temps pour nous de tout démêler et arranger, — mais pas dans le noir malheur qui nous a pris, comme une tempête, dans son tourbillon. A l'heure actuelle, il semble que la solution la plus paisible et la plus ouverte pour l'avenir soit celle-ci : que ceux qui veulent se détacher pour mener une vie indépendante le fassent. Justement à cause de cette exténuante rage nationale partout répandue, qui occulte le reste de la vie, — une passion à laquelle peu de gens échappent aujourd'hui dans notre pays.

Nous sommes beaucoup, hélas, à savoir qu'un appartement communautaire vous ôte parfois jusqu'au goût de vivre. C'est la même atmosphère chauffée à blanc qui règne actuellement chez nous entre les nations.

Dans de nombreuses républiques de la périphérie les forces centrifuges ont pris une telle ampleur qu'on ne saurait les arrêter sans violence ni effusion de sang, — et il ne faut pas le faire à ce prix ! Du train où vont les choses, de toute façon notre Union socialiste soviétique s'effondrera, de toute façon ! Et nous n'avons pas vraiment le choix, et nous n'avons plus à réfléchir — mais seulement à nous retourner prestement afin de prévenir de nouveaux malheurs, afin que les séparations n'entraînent pas de souffrances humaines inutiles et qu'on ne procède qu'à celles qui sont réellement inévitables.

Voici donc comment je vois les choses : il faut d'urgence proclamer haut et clair que les trois républiques baltes, les trois républiques de Transcaucasie, les quatre* d'Asie centrale, et également la Moldavie, si elle est plus attirée par la Roumanie, que ces onze républiques — oui ! — *sont destinées de façon absolue et irréversible à faire sécession.* (Sur le processus de séparation, voir plus loin.)

En ce qui concerne le Kazakhstan. Son immense territoire actuel lui a été taillé par les communistes sans aucun bon sens, au petit bonheur : si des troupeaux poussés par des nomades traversaient une région une fois l'an, c'était le Kazakhstan. On estimait, du reste, en ces années-là, que le tracé des frontières n'avait aucune importance : encore un petit peu, et toutes les nations se fondraient en une seule. Le très perspicace Ilitch* Premier disait que la question des frontières était « même de dixième ordre ». (C'est ainsi que le Karabakh fut rattaché à l'Azerbaïdjan : quelle importance ? Il fallait à ce moment-là faire plaisir à la Turquie, amie de cœur des Soviets.) Et jusqu'en 1936, année où il fut élevé au rang de république fédérée, le Kazakhstan demeura simple république autonome dans le cadre de la RSFSR. Quelles sont donc ses composantes ? Le sud-ouest de la Sibérie, les régions attenantes à l'Oural du Sud et les grands espaces du centre, déserts au départ, puis transfigurés et semés de constructions par des Russes, des zeks* et des peuples déportés. Sur l'ensemble de ce territoire gonflé, les Kazakhs représentent aujourd'hui nettement moins que la moitié de la population. Leur zone de densité, leur patrie de toujours est le grand arc des provinces méridionales qui va de l'extrême Est presque jusqu'à la mer Caspienne et qui est effectivement peuplé en majorité de Kazakhs. S'ils désirent l'indépendance dans ces frontières-là, — eh bien, à la grâce de Dieu !

C'est seulement quand on aura soustrait ces douze nations qu'on restera devant ce qu'on peut appeler « Rous », comme on disait dans les temps anciens (durant des siècles le mot « rousski » a désigné à la fois les Petits-Russiens*, les Grands-Russiens* et les Blancs-Russiens*), ou « Rossiïa » (nom qui date du XVIIIe siècle), ou encore, terme maintenant exact, « Rossiïski Soyouz », Union de Russie.

On y trouvera encore, malgré tout, cent peuples et nationalités de toutes dimensions, des considérables aux très petites. Et c'est là, à partir de ce seuil, que nous pourrons et devrons tous faire preuve de grande sagesse et grande bonté, c'est à partir de ce moment-là que nous devrons mettre en œuvre toutes les forces de notre intelligence et de notre cœur pour établir une communauté féconde de nations amies, en assurant l'intégrité de chacune des cultures qu'elle renfermera et la conservation de chacune des langues qu'on y parlera.

Adresse aux Grands-Russiens

Au début de ce siècle, notre grand esprit politique S. Kryjanovski voyait déjà que « la Russie de souche ne dispose pas d'une réserve de forces culturelles et morales suffisante pour assimiler toutes ses marches. Cela épuise le noyau national russe ».

Or cette affirmation était lancée dans un pays riche, florissant, avant que des millions de Russes soient fauchés par des massacres qui, loin de frapper aveuglément, visaient à anéantir *le meilleur* de notre peuple.

Elle résonne aujourd'hui encore mille fois plus juste : n o u s n ' a v o n s p a s d e f o r c e s à consacrer aux marches, ni forces économiques ni forces spirituelles. Nous n'avons pas de forces à consacrer à l'Empire ! Et nous n'avons pas besoin de lui : que ce fardeau glisse donc de nos épaules ! Il use notre moelle, il nous suce et précipite notre perte.

Je vois avec angoisse que la conscience nationale russe en train de s'éveiller est, pour une large part, tout à fait incapable de se libérer du mode de pensée d'une puissance de grande étendue, d'échapper aux fumées enivrantes qui montent d'un empire : empruntant aux communistes la baudruche d'un « patriotisme soviétique » qui n'a jamais existé, ils sont fiers de la

« grande puissance soviétique » — cette puissance qui, sous le porcin Ilitch* Deux, n'a su qu'engloutir les restes de notre productivité dans des armements sans fin et totalement inutiles (que nous sommes en train de détruire purement et simplement), et nous déconsidérer en nous présentant à la planète entière comme de féroces prédateurs à l'appétit sans limites, alors que nos genoux tremblent et que nous sommes prêts à tomber de faiblesse. C'est là un gauchissement extrêmement pernicieux de notre conscience nationale. « Malgré tout, nous sommes un grand pays, partout on tient compte de nous » : alors que nous sommes à l'agonie, c'est avec cet argument-là qu'on soutient encore, envers et contre tout, le communisme. Le Japon a su, lui, se faire une raison, renoncer à toute mission internationale et aux aventures politiques alléchantes : aussitôt, il a repris son essor.

Il faut choisir clair et net : entre l'Empire, qui est avant tout notre propre perte, et le salut spirituel et corporel de notre peuple. Tout le monde sait que notre mortalité augmente et excède les naissances : à ce train-là, nous allons disparaître de la surface de la Terre ! Conserver un grand empire signifie conduire notre propre peuple à la mort. A quoi sert cet alliage hétéroclite ? A faire perdre aux Russes leur identité irremplaçable ? Nous ne devons pas chercher à nous étendre large, mais à conserver clair notre esprit national dans le territoire qui nous restera.

En détachant d'elle douze républiques, en consentant cette apparence de sacrifice, la Russie se libèrera, en fait, pour procéder à un précieux développement *intérieur*, pour diriger enfin vers elle-même son attention et son soin. Demandons-nous quelles sont, au milieu du brassage actuel, les chances de conservation et de développement de la culture russe : elles ne font que s'amenuiser, tout part pêle-mêle en chair à pâté.

Malheureusement, notre ferme et digne émigration russe a, elle aussi, entretenu pendant soixante-dix ans, dans sa misère et ses malheurs, le mirage de l'« unité indivisible ». Mais enfin, pour qui professait ce principe en 1914, la Pologne, elle aussi, était « à nous » (selon l'extravagante idée d'Alexandre Ier : « faire le bonheur » de ce pays en lui imposant sa tutelle), et on ne pouvait en aucun cas la « céder ». Or qui oserait, de nos jours, soutenir ce point de vue ? La Russie s'est-elle trouvée appauvrie lorsque la Pologne et la Finlande se sont séparées d'elle ? Elle ne s'en est que tenue plus droite. Ainsi donc, redressons-nous encore un peu plus en nous libérant du poids de notre « gros ventre d'Asie centrale », conquête tout aussi irréfléchie d'Alexandre II : il aurait mieux fait d'utiliser ses forces à achever l'édifice de ses réformes, à faire naître un zemstvo* véritablement populaire.

Ivan Iline, philosophe russe de notre siècle,

écrivait que la vie spirituelle d'un peuple est plus importante que l'étendue de son territoire ou même sa richesse économique ; le retour à la santé et le bien-être de notre peuple ont incomparablement plus de prix que tous les objectifs de prestige extérieur.

Du reste, le fait est là : nos marches sont déjà en train de nous quitter. Nous n'allons tout de même pas attendre que des millions de réfugiés refluent chez nous en désordre.

Il faut cesser de répéter comme des perroquets : « Nous sommes fiers d'être russes », « Nous sommes fiers de notre patrie aux immenses espaces », « Nous sommes fiers de... » Il faut comprendre qu' après tout ce dont nous avions raison de nous enorgueillir, notre peuple s'est abandonné à la catastrophe spirituelle de 1917 (pour la définir plus largement : des années 1915-1932) et que, depuis, nous avons pitoyablement cessé d'être les mêmes, si bien que nos plans d'avenir ne peuvent plus viser à rétablir la puissance étatique et la grandeur extérieure de la Russie de jadis. En mettant « crosse en l'air » pendant une guerre à mort, en désertant pour rentrer au pays piller leurs voisins, nos pères et grands-pères *ont choisi* pour nous le destin d'un siècle, et peut-être de deux. Et nous n'avons pas, non plus, à tirer orgueil de la guerre germano-soviétique, dans laquelle nous avons laissé trente millions d'hommes, dix fois plus, en proportion, que notre ennemi, et par laquelle nous n'avons fait que renforcer le despotisme qui pesait sur nous. L'heure n'est pas à « être fiers » ni à tendre les pattes vers des vies étrangères, — mais à prendre conscience que notre peuple est enfoncé dans une maladie qui l'épuise, et à prier Dieu qu'il nous donne de guérir et nous envoie l'intelligence de l'action nécessaire.

Et s'il est exact que nous avons, durant des décennies, nourri les républiques de notre sève, nous ne perdrons rien à cette opération : nous n'y trouverons qu'une économie de forces physiques.

Adresse aux Ukrainiens et aux Biélorusses

Je suis moi-même presque à moitié ukrainien et c'est entouré des sons de la langue ukrainienne que j'ai commencé à grandir. Quant à la douloureuse Russie Blanche, j'y ai passé une grande partie de mes années de front et j'ai conçu un amour poignant pour la pauvreté mélancolique de sa terre et la douceur de son peuple.

Ce n'est donc pas de l'extérieur que je

m'adresse aux uns et aux autres, mais comme *l'un des leurs.*

Notre peuple n'a été, du reste, séparé en trois branches que par le terrible malheur de l'invasion mongole et de la colonisation polonaise. C'est une imposture de fabrication récente qui fait remonter presque jusqu'au IXe siècle l'existence d'un peuple ukrainien distinct, parlant une langue différente du russe. Nous sommes tous issus de la précieuse ville de Kiev « d'où la terre russe tire son origine », comme le dit la Chronique* de Nestor, et d'où nous est venue la lumière du christianisme. Ce sont les mêmes princes qui nous ont gouvernés : Iaroslav le Sage répartit entre ses fils Kiev, Novgorod et toute l'étendue qui va de Tchernigov à Riazan, Mourom et Béloozéro ; Vladimir Monomaque fut en même temps prince de Kiev et de Rostov-Souzdal ; et la même unité se reflète dans les fonctions des métropolites. C'est le peuple de la « Rous » de Kiev qui a créé l'État de Moscovie. Englobés dans la Lituanie et la Pologne, Blancs-Russiens et Petits-Rusiens restèrent conscients de leur identité russe et luttèrent pour n'être ni polonisés ni catholicisés. Le retour de ces terres dans le sein de la Russie fut senti par tout le monde, à l'époque, comme une *Réunification.*

Oui, cela fait mal et honte de se rappeler les oukases du temps d'Alexandre II (1863, 1876) interdisant la langue ukrainienne d'abord dans le journalisme, puis également dans la littérature ; mais cela ne dura pas longtemps et ne fut que l'une de ces aberrantes ossifications qui, frappant la politique du gouvernement comme celle de l'Église, préparèrent la chute de l'ancien régime russe.

De son côté, la Rada* au socialisme brouillon qui apparut en 1917 fut constituée par un accord entre hommes politiques, et non élue par le peuple. Et lorsque, renonçant à l'idée d'une fédération, elle proclama que l'Ukraine sortait du sein de la Russie, elle le fit sans consulter l'ensemble de son peuple.

J'ai déjà eu l'occasion de répondre aux nationalistes ukrainiens émigrés qui s'emploient à faire accroire à l'Amérique que « le communisme est un mythe et que ce ne sont pas les communistes, mais les Russes qui veulent s'emparer du monde entier » (oui, oui, les « Russes » ont déjà mis la main sur la Chine et le Tibet, c'est écrit depuis trente ans dans une loi votée par le Sénat américain). Un mythe, le communisme ? Un *mythe* dont Russes et Ukrainiens ont, les uns comme les autres, éprouvé physiquement la réalité, à partir de 1918, dans les geôles de la Tchéka. Un *mythe* qui, dans la vallée de la Volga, a réquisitionné jusqu'au dernier grain gardé pour la semence et a livré vingt-neuf gouvernements* russes à la famine mortelle de 1921-1922. Un *mythe* qui a perfidement précipité l'Ukraine dans la famine tout aussi impitoyable de 1932-1933. Et, alors que nous avons subi ensemble, sous le joug des communistes, la même collectivisation au knout et au fusil, se peut-il que ces sanglantes souffrances ne nous aient pas unis ?

En Autriche, en 1848, les Galiciens appelaient encore « russe » leur conseil national : « Holovna Rousska Rada ». Mais par la suite, dans la Galicie coupée du reste de l'Ukraine, on vit naître et se développer — non sans que l'Autriche y mît secrètement la main — un ukrainien déformé, farci de mots allemands et polonais, qui n'était plus la langue du peuple, ainsi que deux tentations : celle de faire oublier leur langue aux Russes des Carpates, et celle d'un séparatisme ukrainien radical, le même qui inspire actuellement aux chefs de l'émigration ukrainienne tantôt des boniments de camelot ignorant : saint Vladimir « était ukrainien ! », tantôt des cris de fou furieux : « Vive le communisme, pourvu que périssent les moskals* ! »

Comment pourrions-nous ne pas partager la douleur des Ukrainiens devant les tourments endurés par leur pays sous le régime soviétique ! Mais pourquoi aller si loin et vouloir tailler dans la chair vive (en emportant dans le même morceau ce qui n'a jamais été la vieille Ukraine, comme la « Plaine* sauvage » des nomades — devenue la Nouvelle-Russie —, ou la Crimée, le Donbass et un territoire qui va presque jusqu'à la mer Caspienne) ? Et si l'on invoque « l'autodétermination de la nation », alors c'est la nation elle-même qui doit fixer son destin. La question ne saurait être réglée sans une consultation du peuple tout entier.

Détacher aujourd'hui l'Ukraine, ce serait couper en deux des millions de familles et de personnes, tant la population est mélangée ; des provinces entières sont à dominante russe ; combien de gens auraient du mal à choisir entre les deux nationalités ! combien sont d'origine mêlée ! combien compte-t-on de mariages mixtes que personne ne considérait jusqu'ici comme tels ! Dans l'épaisseur de la population de base, il n'y a pas la plus petite ombre d'intolérance entre Ukrainiens et Russes.

Frères ! Ce cruel partage ne doit pas avoir lieu ! C'est une aberration née des années de communisme. Nous avons traversé ensemble les souffrances de la période soviétique : précipités ensemble dans cette fosse, c'est ensemble que nous en sortirons.

En deux siècles, quelle multitude de noms éminents à l'intersection de nos deux cultures ! Selon la formule de M.P. Dragomanov : « Inséparables, mais aussi immélangeables. » La voie doit être ouverte toute grande à la culture ukrainienne et biélorusse non seulement sur le territoire de l'Ukraine et de la Russie Blanche, mais aussi, cordialement et joyeusement, sur celui de la Grande-Russie. Pas de russification forcée (mais pas non plus d'ukrainisation forcée, comme on en a connu à la fin des années vingt), un développement sans entraves de nos cultures parallèles, et la classe faite dans l'une ou l'autre langue au choix des parents.

Bien entendu, si le peuple ukrainien *désirait effectivement* se détacher de nous, nul n'aurait le droit de le retenir de force. Mais divers sont ces vastes espaces et seule la population *locale* peut déterminer le destin de son petit pays, le sort de sa région, — et chaque minorité nationale qui se constituerait, à cette occasion, à l'intérieur d'une unité territoriale donnée, devrait à son tour être traitée sans aucune violence.

Ce qui vient d'être dit s'applique également dans sa totalité à la Biélorussie, à cela près qu'on n'y a pas excité un séparatisme inconditionnel.

Ceci enfin : nous devons nous incliner bien bas devant la Biélorussie et l'Ukraine pour l'immense malheur de Tchernobyl, provoqué par les arrivistes et les imbéciles du système soviétique, et le réparer comme nous pourrons.

Adresse aux peuples et nationalités de petite taille

Une fois opérées toutes les sécessions, notre État restera encore, bien que nous ne le recherchions pas, multinational.

Il est des nations, même importantes, comme les Tatars, les Bachkirs, les Oudmourtes, les Komis, les Tchouvaches, les Mordves, les Maris, les Iakoutes, qui n'ont pratiquement pas le choix : c'est pour un État une situation incommode que de se trouver enclavé dans un autre. Certains territoires nationaux auront, eux, une frontière extérieure et s'ils veulent se séparer de la Russie, on ne saurait, là non plus, le leur interdire. (Il faut compter aussi que la nationalité de base n'est pas majoritaire dans toutes les républiques autonomes.) Mais si leur spécificité est totalement conservée dans les domaines culturel, religieux, économique, cela a un sens pour eux de demeurer au sein de l'Union.

Comme l'a prouvé au XXe siècle la création de multiples petits États, la charge d'une armée et de trop nombreuses administrations et représentations dépasse leurs forces, et ils se retrouvent, d'autre part, coupés des vastes territoires où se déployaient leur commerce et leurs activités publiques. Ainsi les peuples montagnards du Caucase qui s'étaient tellement distingués, dans les années qui précédèrent la révolution, par leur fidélité au trône de Russie, se poseront-ils sans doute sérieusement la question de savoir s'ils ont intérêt à faire sécession. Ce n'est pas la grosse Union de Russie qui a besoin qu'adhèrent à elle les petits peuples de ses marches, c'est d'abord eux qui en ont besoin. Et s'ils veulent être des nôtres, salut et prospérité !

L'organisation de l'État soviétique, mensongère et faite pour l'épate, renferme cependant des éléments sains, à condition qu'on les fasse fonctionner honnêtement. Tel le Soviet des Nationalités, chambre où doit être entendue la voix, condamnée autrement à se perdre, du plus petit peuple. Et, en même temps, la hiérarchie actuelle est juste : « républiques fédérées », républiques autonomes, régions autonomes et districts nationaux. Le poids numérique de chaque peuple ne doit pas être négligé, renoncer à cette proportionnalité mène au chaos ; libre à l'ONU de végéter ainsi, un État viable ne peut se le permettre.

Bien entendu, les Tatars de Crimée doivent se voir ouvrir sans restrictions le chemin du retour. Mais avec la densité de population qu'atteindra le XXIe siècle, la Crimée accueillera entre huit et dix millions d'habitants, et le peuple tatar, avec ses cent mille âmes, ne saurait en revendiquer la *possession*.

Enfin, les plus petites nationalités : Nénets, Permiens, Evenkes, Mansis, Khakassiens,

Tchouktches, Koriakes... — si morcelées que je ne puis les énumérer. Toutes menaient une vie tranquille dans la « prison des peuples » qu'était, paraît-il, le régime tsariste, et c'est nous, l'Union soviétique du communisme, qui les avons poussées vers une mort lente. Que de mal leur ont causé notre administration sans foi ni loi et notre industrie rapace et sans cervelle, en saccageant et empoisonnant leur milieu de vie et en enlevant à cette vie sa dernière assise ! Un mal particulièrement grave pour celles dont les dimensions dangereusement restreintes ne leur permettent pas de lutter pour survivre. Il faut que nous arrivions à les renforcer, les revivifier et les sauver ! Il n'est pas encore tout à fait trop tard.

Chaque peuple, y compris le plus petit, est une facette irremplaçable du dessein de Dieu. Transposant le commandement chrétien, Vladimir Soloviev a écrit : « Aime tous les autres peuples comme le tien propre. »

Le XXe siècle est secoué et corrompu par une politique qui s'est libérée de toute morale. Ce qu'on exige de tout honnête homme, on en dispense les États et ceux qui les dirigent. L'heure est venue, et nous sommes à la limite extrême, où il faut rechercher pour la vie des États des formes plus hautes qui ne seront plus fondées sur le seul égoïsme, mais aussi sur la compassion.

Le processus de séparation

Ainsi donc, il faut proclamer sans délai et avec fermeté le droit incontestable des douze républiques énumérées plus haut à faire sécession. Et au cas où certaines d'entre elles hésiteraient, nous ne pouvons faire autrement que d'annoncer de manière tout aussi irrévocable que *nous*, la partie restante, nous nous séparons d'elles. La situation n'est déjà que trop mûre, le mouvement est irréversible, on aurait des explosions tantôt ici, tantôt là ; tout le monde voit que nous ne pouvons plus vivre ensemble. Alors ne continuons pas à nous encombrer mutuellement.

Ce pénible et onéreux processus de séparation va augmenter encore le poids, sur nos épaules à tous, de la période transitoire, des premiers temps de notre nouveau développement : il va exiger des moyens, encore des moyens, alors que nous en manquons déjà. Mais lui seul dégagera pour nous l'horizon du futur.

La séparation réelle ne peut cependant se faire en une minute, par une simple déclaration. Toute action brusque, entreprise de manière unilatérale, signifie une foule de destins humains qu'on meurtrit et deux économies qui se naufragent mutuellement. Et nous ne devons pas imiter les Portugais fuyant l'Angola qu'ils livrent au désordre et à de longues années de guerre civile. Il faut qu'à partir de maintenant des commissions d'experts de toutes les parties se mettent au travail. N'oublions pas non plus avec quelle négligence irresponsable les frontières ont été tracées sous le régime soviétique. Dans certains endroits, on devra peut-être les affiner pour suivre la répartition exacte des populations, dans d'autres, organiser des référendums locaux sous contrôle impartial.

Bien entendu, tout ce démêlage peut prendre plusieurs années.

Des millions de gens se trouveront confrontés à cette dure question : rester là où ils sont installés — ou bien partir ? C'est-à-dire ruiner toute leur existence, en particulier leur vie matérielle, et avoir besoin d'une aide substantielle. (Et cela ne s'applique pas seulement aux Russes établis dans les marches, mais également aux personnes originaires des marches qui vivent actuellement en Russie.) Où aller ? où trouver un toit ? comment subsister jusqu'à ce qu'on ait à nouveau du travail ? Cela ne doit pas être l'épreuve personnelle de chacun, mais devenir le souci de ces comités d'experts et commissions des compensations nationales. Et chaque État nouvellement créé doit garantir avec précision les droits de ses minorités.

Encore plus complexe : comment assurer une dissociation indolore des économies nationales, ou l'instauration d'échanges commerciaux et d'une collaboration industrielle sur la base de l'indépendance ?

Et c'est seulement au cours de ce travail ou même après son achèvement que chaque État verra se dresser devant lui ses véritables problèmes, au lieu de cette furieuse « question nationale » dont nous avons les épaules meurtries au point que tous nos sentiments et la réalité même s'en trouvent faussés.

De surprenantes bribes d'avenir se profilent dès aujourd'hui. Avec quelle impatience la Géorgie aspire à l'indépendance nationale ! (La Russie ne l'avait d'ailleurs pas conquise par la force, c'est Lénine qui l'a fait en 1921.) Regardez pourtant ce qui s'y passe : les Abkhazes et les Ossètes qu'on opprime, les Meskhes déportés par Staline qu'on empêche de regagner leur patrie de toujours. Est-ce cela, la liberté nationale tant désirée ?

Quelque action ou réflexion que nous entreprenions dans la vie politique contemporaine, n'attendons pas qu'il en sorte rien de bon tant que notre volonté poursuit cruellement notre seul *intérêt*, en ignorant, je ne dis même pas la justice voulue par Dieu, mais la morale la plus mesurée.

Mesures à prendre sans délai dans l'Union de Russie

Ces trois quarts de siècle nous ont laissés si emmisérés, si enordurés, si las et si désespérés que beaucoup d'entre nous sentent leurs bras tomber et qu'il nous semble que seule une intervention du Ciel peut nous sauver.

Mais le Miracle n'est pas envoyé à ceux qui ne marchent pas à sa rencontre.

Ensemble, le destin de nos enfants, notre propre volonté de vivre, notre passé millénaire et l'esprit de nos ancêtres, qui s'est, malgré tout, infusé en nous, nous aideront à trouver la force de surmonter aussi cela, tout cela.

Et bien qu'il ne nous soit pas donné de temps pour réfléchir aux meilleures voies de développement et composer un programme graduel, bien que, cernés par des nécessités premières dont chacune crie son urgence, son urgence à elle, nous soyons condamnés à nous débattre et nous agiter pour colmater les brèches, — nous ne devons pas perdre notre sang-froid et choisir les premières mesures sans une sagesse prévoyante.

Ces mesures, je ne me fais pas fort de les énumérer à moi seul : de sains esprits pratiques doivent se réunir pour se concerter, et, pour agir ensemble, les meilleures énergies. Tout sanglote misère dans notre économie d'aujourd'hui et il faut lui chercher une voie, c'est une nécessité vitale. Il est urgent de rendre un sens au travail : cela fait un demi-siècle que personne n'a plus aucun intérêt à travailler ! et il n'y a plus personne pour faire pousser le blé, plus personne pour soigner le bétail. Et des millions de gens habitent dans ce qu'on ne saurait appeler des logements, ou bien croupissent des vingt ans durant dans des « foyers » putrides. Et tous les vieillards et les invalides vivent misérablement. Et nos espaces jadis merveilleux sont souillés par des décharges industrielles, défoncés par les fondrières de nos routes effrayantes. Et la nature que, ingrats, nous avons méprisée, se venge, et nous voici envahis par les taches radioactives venues de Tchernobyl, et d'autres endroits encore.

Et avec tout cela sur les bras, il faut encore préparer le retour de nos compatriotes qui vont perdre leur toit ? Oui, c'est inévitable.

Où donc prendre assez de moyens ?

Voyons : combien de temps allons-nous continuer d'entretenir et étayer les régimes tyranniques, incapables de se tenir debout, que nous avons implantés aux quatre coins de la Terre, ces tonneaux sans fond, ces pilleurs de nos richesses ? Cuba, le Vietnam, l'Éthiopie, l'Angola, la Corée du Nord — parce que, n'est-ce pas, tout nous concerne ! Et la liste n'est encore pas complète, ajoutez-y les milliers de

« conseillers » qui traînent partout et n'importe où. Et après tant de sang répandu en Afghanistan, on aurait mal au cœur de le lâcher ? Encore un pays où il faut envoyer de l'argent ?... Tout cela fait des dizaines de milliards par an.

Celui qui abattra là-dessus le couperet d'un « non » sec et définitif, celui-là sera vraiment un homme d'État et un patriote.

Et jusqu'à quand allons-nous pondre des armes offensives de types toujours nouveaux ? et répandre une flotte de guerre dans tous les océans ? Voulons-nous donc conquérir la planète ? Or il s'agit, cette fois, de centaines de milliards par an. Tout cela aussi est à retrancher — d'un coup. Et le Cosmos, lui aussi, peut attendre.

Ajoutez encore nos matières premières souffre-tout, cédées à l'Europe de l'Est à des conditions de faveur. La vie en « camp socialiste » a assez duré. Nous sommes heureux maintenant pour tous ces pays, qu'ils vivent donc et prospèrent librement, — mais qu'ils nous paient tout selon les cours mondiaux.

Ça ne suffit toujours pas ? Alors il faut arrêter d'investir inconsidérément dans l'industrie des capitaux dont on attend sans fin qu'ils reprennent vie.

Et voici enfin, à perte de vue, les biens du PCUS ; déjà tout le monde en parle. C'est qu'ils ont accumulé quelque chose depuis soixante-dix ans qu'ils dépouillent le peuple, c'est qu'ils en ont bien profité ! Évidemment, nous ne reverrons rien de ce qui a été dilapidé, bradé, bazardé, — mais rendez-nous au moins ce qui reste : les immeubles, les établissements de repos, les fermes spéciales, les maisons d'édition, et vivez de vos cotisations. (Et aux gens qui n'ont jamais travaillé que pour le parti, payez une retraite vous-mêmes, au lieu de la prélever sur les fonds de l'État.)

Et toute cette bureaucratie nomenklaturée, cet appareil dirigeant qui paralyse la vie de notre peuple avec ses millions et ses millions de parasites à hauts traitements, passe-droits et magasins spéciaux, — fini de les nourrir ! Qu'ils aillent faire des travaux utiles et vivent de ce qu'ils y gagneront. Dans le nouvel ordre des choses, on pourra aussi bien se passer des quatre-cinquièmes des ministères et comités.

Tout cela, mis bout à bout, représente de l'argent.

Or à quoi viennent de passer cinq ans, et bientôt six, de bruyante « pérestroïka » ? A de pitoyables déplacements de pions au sein du Comité central. A bricoler un système électoral artificiel et difforme, fait pour éviter au parti communiste de perdre le pouvoir. A produire des lois gaffeuses, embrouillées et indécises.

Non, la voie ne sera pas ouverte, même vers ce qui est le plus urgent, non, nous n'arriverons à rien de sérieux tant que notre parti communiste léninien n'aura pas été plus loin que de concéder un paragraphe de constitution : tant qu'il ne se sera pas totalement dessaisi de quelque influence que ce soit sur la marche de l'économie et de l'État, tant qu'il n'aura pas totalement renoncé à nous diriger, et même à diriger un quelconque secteur de notre vie ou une quelconque unité territoriale. Au lieu d'avoir à le pousser dehors et à le sortir par la force, on aimerait que ce soit lui qui manifeste publiquement son repentir d'avoir, par une suite de crimes, de cruautés et d'absurdités, plongé le pays dans un abîme dont il ne sait comment le sortir. C'est à cela que l'heure appelle, et non à constituer, pour lui transmettre l'héritage honteux, un nouveau PCR, à assumer tout ce sang et cette boue qui souillent le nom de Russe et à se traîner à contre-courant de l'histoire. Cette reconnaissance par le parti de sa culpabilité, de ses crimes et de son impuissance serait un souffle d'air dans l'atmosphère morale lourdement oppressante de notre pays.

Et puis, la masse granitique du KGB se dresse toujours au-dessus de nous, barrant, elle aussi, le chemin de l'avenir. C'est, de la part de ces gens-là, une astuce transparente que de prétendre qu'ils sont particulièrement nécessaires aujourd'hui : comme service de renseignement international. Tout le monde voit bien que c'est exactement le contraire. Ils n'ont d'autre but que d'exister pour eux-mêmes et d'écraser tout mouvement populaire. Ce Tchékaguébé criminel aux soixante-dix ans d'histoire sanglante n'a plus de justification, il n'a plus droit à l'existence.

La terre

C'est bien pour quelque chose que la terre a reçu la faculté merveilleuse, bénie, de porter des fruits. Tous les groupes humains incapables de lui faire exercer cette faculté sont perdus.

Pour l'homme, la terre n'a pas seulement une valeur économique, mais aussi une valeur morale. Gleb Ouspenski, Dostoïevski ont écrit là-dessus, chez nous, des choses convaincantes, et ils ne sont pas les seuls.

L'affaiblissement de l'attrait exercé par la terre est toujours un grand danger pour le caractère national. Or l'instinct paysan a été si bien asphyxié, pourchassé et détruit dans notre peuple qu'il est peut-être trop tard, beaucoup trop tard aujourd'hui pour le ressusciter.

La manière dont on introduit en ce moment la location des terres relève plutôt de l'imposture et de la dérision, cela se fait en dépit du bon sens et ne peut que dégoûter les gens pris par le désir de revenir à la terre. Les fermiers restent sous la coupe oppressante des autorités kolkhoziennes et sovkhoziennes qui peuvent se permettre de piétiner allègrement les lois. Les terres qu'elles donnent en location sont souvent les plus mauvaises, celles qui étaient laissées à l'abandon, et elles les font payer au prix fort, ainsi que le matériel, tout en contraignant le fermier à leur céder sa production à vil prix ; tantôt elles omettent de lui fournir le fourrage promis, tantôt elles lui retirent les animaux qu'il avait pris pour les engraisser : autant de travail et d'argent perdus ; et, de son côté, « Selkhoztekhnika* » peut violer subitement ses engagements. Un peu de terre, ce n'est pas encore la liberté pour le paysan : il faut y joindre à la fois un marché libre, des moyens de transport accessibles, du crédit, des matériaux de construction et la possibilité de faire réparer les machines.

Toutes nos réformes, nous les engageons aussi mal que possible : celle-ci comme les autres. Ce qu'on fait ne sert qu'à saboter l'entreprise et à enlever aux gens leur dernier reste de confiance en les promesses du pouvoir.

Comparé aux kolkhozes, le bail individuel (à condition qu'il soit conclu non avec un kolkhoze, mais avec un organisme local d'autogestion) est, en soi, un pas indiscutable vers l'amélioration de notre agriculture. La terre, de dimensions fixées par une norme locale (en conformité avec le cadastre), devrait être louée à vie et transmise par héritage sans aucune restriction ; reprise uniquement si elle était travaillée avec négligence, mais pas dans le cas où la famille du preneur serait malade ; avec le droit pour le preneur d'y renoncer volontairement, auquel cas il serait remboursé de tout ce qu'il aurait investi dans sa terre et édifié sur elle. (Et nul besoin pour tout cela d'un appareil administratif spécial coiffant les fermiers : les cas de ce genre ne seraient pas nombreux et le zemstvo local en viendrait à bout.)

Cependant, nous sommes si déshabitués de la terre (et justement méfiants à l'égard des autorités qui nous ont tant de fois trompés) que la location n'aura peut-être pas un attrait suffisant. De plus, ce système ne soutient pas la concurrence économique avec la propriété privée : celle-ci garantit en effet une amélioration prolongée du sol, qu'on ne se risque pas à épuiser, et ce n'est qu'en l'adoptant que nous pouvons compter faire naître une agriculture qui ne soit pas inférieure à celle de l'Occident. Nous prévoyons et revendiquons la liberté d'entreprise dans *toutes* les sphères de la vie — et nous la repousserions quand il s'agit de la terre ? Refuser à nos campagnes la propriété privée, ce serait les verrouiller et, cette fois, pour toujours.

Mais il faut l'introduire avec prudence. Du temps de Stolypine, une réglementation restrictive veillait déjà à ce que la terre aboutisse bien entre les mains d'agriculteurs-exploitants et non entre celles de gros spéculateurs ou d'hommes de paille, par l'intermédiaire de « sociétés par actions ». Or aujourd'hui notre classe paysanne a été anéantie, ses derniers représentants sont morts ; et il y a plus d'habileté débridée chez nos spéculateurs anonymes issus de l'économie de l'ombre où ils ont déjà accumulé leurs capitaux de départ ; et notre administration vénale est incapable d'exercer un contrôle rigoureux. Si bien que, sous le couvert de « sociétés par actions », « organisations », « coopératives », certains pourraient s'acheter presque des latifundia, et y installer ensuite eux-mêmes des fermiers. C e t y p e d' a c h a t - l à ne devra en aucun cas être toléré. Si la terre commençait à être accaparée par de gros propriétaires, cela entraverait considérablement la vie des autres. (Une raison supplémentaire de ne pas l'admettre est la surpopulation de la planète — et donc de notre pays — prévisible dans un avenir proche.)

L'achat de terres doit être favorisé par un paiement étalé sur de longues années, et par un crédit d'impôts. Le fait que la part de chacun soit limitée par des dimensions maximales (définies localement) ne compromet pas, en lui-même, le sens et la liberté du travail. Au contraire : les efforts de chaque propriétaire seront dirigés non pas vers l'extension de son domaine, mais vers une meilleure mise en valeur, vers l'emploi de méthodes intensives. Que les gens de chez nous soient capables, dans ces conditions — et même dans l'étau des pires contraintes imposées par un pouvoir hostile —, de faire des prodiges, cela a été démontré par le rendement des minuscules lopins individuels qui ont nourri le pays du temps de nos kolkhozes bidons.

Limiter la dimension des propriétés ménagera des réserves de terre à distribuer en petites parcelles : aux ouvriers désireux de récolter leurs propres légumes, aux citadins avides d'échapper à la claustration. Cette distribution-là devra être gratuite (unique exigence : que la terre soit travaillée !) ; et une parcelle de la même dimension devra être incluse gratuitement dans chaque lot vendu à un agriculteur.

Pour tous ces gens-là, oui, pour tous, il faudra trouver de la terre.

L'économie

Stolypine disait qu'on ne peut créer un État de droit sans avoir auparavant un citoyen indépendant ; l'ordre social est primordial et précède tous les programmes politiques.

Or sans la propriété privée, il ne peut exister de citoyen indépendant.

En soixante-dix ans, on a réussi à nous dresser à avoir peur de la propriété et à repousser l'idée du travail pour un employeur privé comme on conjure le diable : c'est là une grande victoire de l'Idéologie sur notre fonds humain. (De même qu'on nous a imprimé dans la cervelle une image caricaturale de l'ensemble de l'économie occidentale.)

Cependant la possession d'une propriété de dimensions raisonnables, qui n'écrase pas autrui, est l'une des constituantes de la notion de personne, elle donne à l'homme une assise. Et le travail pour un employeur privé, s'il est exécuté consciencieusement et bien rémunéré, est une forme d'entraide et conduit les gens à la bienveillance mutuelle.

Et pourquoi continuer de nous accrocher à la stérile économie centralisée à « régulation » idéologique qui a plongé le pays entier dans la misère ? Dans le seul but de maintenir un appareil de direction parasitaire qui perdrait, autrement, sa dernière justification ?

Bien entendu, le coup que portera à des millions de gens non préparés, non habitués, le passage à une économie de marché, devra être autant que possible adouci. Par bonheur (par malheur !), nous disposons pour cela d'une dérivation du budget grosse de milliards et de milliards de roubles : je viens de dire à quoi nous la gaspillons.

Six ans bientôt, et pourtant la bruyante « pérestroïka » n'a encore touché de son mouvement salutaire ni l'agriculture, ni l'industrie.

Or ce retard signifie des années de souffrance pour les gens, des années qu'on raye de leur vie.

Mais il serait tout aussi destructeur d'adopter sans réfléchir un modèle économique étranger qui s'est constitué, là où il fonctionne, au cours des siècles et par étapes. Je n'ai pas de connaissances en économie et ce domaine est celui où je me risquerai le moins à avancer des propositions précises. Par quelle procédure peut s'effectuer le passage du monopole de l'État à des entreprises privées et coopératives ; quelles conditions financières sont à prévoir ; des biens possédés actuellement par l'État — c'est-à-dire notamment les moyens de transport, la flotte de commerce, les forêts, les eaux, la terre, le sous-sol —, quelle part restera entre ses mains et quelle part devra être cédée aux institutions régionales et locales ; quel budget financera la sécurité sociale, l'éducation, la construction de logements ; quelle nouvelle législation du travail s'avèrera nécessaire : sur tous ces sujets, les économistes tiennent déjà prêtes de nombreuses études concrètes, fort divergentes il est vrai.

Il me semble néanmoins que, d'une manière générale, il faut donner les coudées franches à l'initiative privée et soutenir et défendre tous les types de petites entreprises, car c'est d'elles que viendra le plus vraisemblablement la prospérité locale, — mais en imposant par des lois des limites fermes à la concentration effrénée du capital et en empêchant, dans quelque branche que ce soit, la constitution de monopoles, la prise de contrôle de certaines entreprises par d'autres. L'apparition de monopoles est une menace pour la qualité des produits : la firme accapareuse peut se permettre, pour éviter que la demande ne faiblisse, de fournir des objets peu solides. Durant des siècles, les entreprises ont mis leur orgueil à fabriquer, et les gens à posséder, des choses inusables ; actuellement (en Occident), c'est une cascade étourdissante de modèles toujours nouveaux qui crient pour qu'on les remarque, et la saine notion de *réparation* disparaît : dès que l'objet est un peu abîmé, on est forcé de le jeter et d'en acheter un autre, ce qui va directement contre le sens humain de l'autolimitation ; on est en pleine dépravation.

Ajoutez encore cette peste psychologique qu'est la hausse des prix : oui, dans les pays développés, l'accroissement de la productivité s'accompagne non d'une baisse, mais d'une hausse des prix ! Cette flamme dévorante, ce n'est pas le progrès. (La Russie de l'ancien régime pouvait vivre un siècle entier avec des prix immuables.)

Il ne faut pas laisser la poussée de la propriété et du profit dégénérer en un mal social qui ruine la santé de la communauté nationale. Pour chaque type de production, une indispensable législation anti-monopoles freinera, par une forte augmentation d'impôts, toute croissance démesurée. Quant aux banques, elles sont nécessaires comme centres opérationnels de la vie financière, mais on ne doit pas leur permettre de se transformer en des excroissances parasitaires se nourrissant d'usure, et de diriger de facto toute la vie du pays.

Il semble également clair, sur un plan général, que le prix de notre sortie du communisme ne doit pas être un asservissement : ni notre sous-sol, ni la surface de notre terre, ni, en particulier, nos forêts ne doivent être distribués à des capitalistes étrangers. C'est une idée des plus dangereuses que de vouloir sauver ce qui a été saccagé par notre gabegie interne en faisant appel à des capitaux étrangers. Ceux-ci afflueront chez nous dès qu'ils y verront une source de revenus élevés. Mais nous ne devons pas essayer d'attirer chez nous les capitaux occidentaux à des conditions avantageuses pour eux et humiliantes pour nous : « Venez* et soyez nos maîtres. » Se brader ainsi serait une faute irréparable, nous deviendrions une colonie. (Quoique trois quarts de siècle de pouvoir soviétique nous aient bel et bien ravalés au niveau d'une colonie : vous trouvez un autre mot ?...) Il faut les laisser entrer — en les canalisant fermement : afin que la reprise économique qu'ils apporteront à notre pays ne soit outrepassée ni par le profit qu'ils en extraieront, ni par les atteintes que subira notre nature. Cela nous permettra d'accélérer notre remontée au rang des pays développés.

Mais enfin, les aptitudes de notre peuple ne sont tout de même pas définitivement étouffées et oubliées ! Nous voyons bien que, si les Japonais sont sortis de l'ornière et ont même pris un grand essor, ils ne le doivent pas à des injections étrangères, mais à leur haute morale du travail. Dès que l'État aura cessé de peser sur chacune de nos actions et que la rémunération du travail sera redevenue juste, sa qualité remontera d'un coup et partout on verra resurgir nos ouvriers aux doigts d'or. Et si nous devons tarder un peu à atteindre un niveau tel que nos produits jouissent d'une demande internationale, un pays de l'étendue et de la richesse du nôtre peut se contenter pendant assez longtemps de son marché intérieur.

Reste qu'aucune vie économique normale n'est, bien entendu, compatible avec notre système esclavagiste actuel de *propiska**.

Nous devons apprendre à respecter (et à distinguer de l'actuel vol organisé à grand renfort de pots-de-vin pour plumer la parasitaille dirigeante) le commerce privé sain, honnête et intelligent : il vivifie la société et renforce sa cohésion, c'est une des premières choses dont nous avons besoin.

Je ne m'aventurerai pas à formuler des propositions en matière financière, budgétaire et fiscale. Mais il est clair qu'à côté d'un contrôle strict pour assurer la protection de la nature et d'amendes suffisamment lourdes punissant les atteintes à l'environnement, il faudra instituer des encouragements financiers à tous les efforts d'aménagement des sites et à la restauration des métiers traditionnels.

La province

Que nous ayons ou non, un jour, un pays florissant, cela ne dépend absolument pas de Moscou, Petrograd, Kiev et Minsk : cela dépend de la province. La clé de la vitalité du pays et du dynamisme de sa culture, la voici : que la province cesse d'être écrasée par les capitales et que les capitales elles-mêmes, ces géantes maladives, soient délivrées de la surcharge artificielle créée par leur volume et par leurs fonctions innombrables qui les empêchent de mener une vie normale. Elles n'ont, du reste, gardé aucun droit moral à substituer leur propre prospérité à la renaissance de l'ensemble du pays, après les soixante années où la province a été livrée à la faim, aux humiliations, et tenue pour zéro.

C'est toute la province, ce sont tous

les espaces de l'Union de Russie qui doivent recevoir, outre une autogestion forte (et dont le poids ne fera que croître), une entière liberté de respiration économique et culturelle. Notre patrie ne peut trouver sa plénitude que dans la constitution, disons, de quarante centres régionaux de vie et de lumière disséminés sur son étendue, quarante villes où se concentreraient activité économique, culture, instruction, bibliothèques autosuffisantes et maisons d'édition, de façon que toute la population environnante puisse recevoir une nourriture culturelle digne de ce nom, et la jeunesse tout ce qui est nécessaire à sa croissance et sa formation, à un niveau qui ne soit pas inférieur à celui des capitales. Telle est la condition pour qu'un pays de grande étendue se développe harmonieusement.

Autour de chacune de ces quarante villes, c'est toute une région qui sortira de la léthargie pour retrouver sa vie propre. Seule cette décentralisation permettra que partout on entreprenne d'arracher à leur ruine les routes d'intérêt local et les petites villes avec leur cortège de bourgs, et qu'on en construise de nouvelles.

Cela est particulièrement important pour les immenses espaces de la Grande Sibérie, cette Sibérie que nous avons, dès les premiers plans quinquennaux, soumise à des mutilations insanes et aveugles au lieu de lui assurer un heureux développement.

Ici aussi, comme en de nombreux autres domaines, notre convalescence doit commencer par le bas.

La famille et l'école

Rien, certes, ne saurait attendre de ce qui cause aujourd'hui notre perte, mais l'urgence est encore plus grande de semer ce qui croît lentement : durant les années où nous allons travailler à tout rattraper, que ferons-nous mûrir en nos enfants ? En commençant par la médecine infantile et les soins des premiers temps de la vie et en allant jusqu'à l'instruction ? Si nous ne réformons pas cela immédiatement, nous n'aurons tout simplement pas d'avenir.

Tout le monde connaît le malheur multiple qui fait chez nous la condition de la femme, tout le monde en parle : aucune divergence d'opinions là-dessus, inutile de rien démontrer. Tout le monde sait aussi la chute de la natalité, la mortalité infantile, les nourrissons maladifs, l'état effrayant des maternités, crèches et jardins d'enfants.

La famille normale est pratiquement en voie de disparition dans notre pays. Or la maladie de la famille attaque aussi, au plus profond, l'État. La famille est aujourd'hui le pivot du sauvetage de notre avenir. Il faut que la femme ait la possibilité de revenir au foyer pour élever ses enfants : le salaire de l'homme doit le lui permettre. (Même si, avec le chômage qu'on prévoit dans les premiers temps, cela ne peut pas se réaliser d'emblée : certaines familles ne seront que trop heureuses que la femme, au moins, conserve pour l'instant son travail.)

Autre souci tout aussi pressant : l'école. En dépit de tous les tripotages que nous lui avons infligés pendant soixante-dix ans, rares sont les années où il en est sorti des élèves sachant quelque chose, — encore n'était-ce que dans une partie des matières et grâce à une élite d'établissements situés dans les grandes villes ; et jamais un Lomonossov* né au fond de sa province — à plus forte raison au fond de sa campagne — ne pourrait aujourd'hui percer, jamais il ne pourrait faire son chemin : aucune voie n'existe pour ces gens-là (le premier obstacle étant la *propiska*). Le redressement de l'enseignement primaire et secondaire ne doit pas être limité aux meilleurs établissements des capitales, il doit être le fruit d'un effort opiniâtre partant du niveau le plus bas, et englober toute l'étendue de notre pays. Cette tâche ne souffre pas plus de délai que toutes celles que nous avons à accomplir dans le domaine économique. Cela fait trop longtemps que notre école donne une méchante instruction et une mauvaise éducation. Et il est inadmissible que la fonction de professeur-éducateur responsable d'une classe soit une charge supplémentaire presque pas rémunérée : elle doit être compensée par une réduction du service d'enseignement. Les programmes et manuels de sciences humaines sont condamnés à être sinon jetés aux ordures, du moins intégralement refondus. Et il faut arrêter sur-le-champ le bourrage de crâne qu'est l'enseignement de l'athéisme.

Mais ce n'est même pas par les enfants, c'est par les enseignants qu'il faut commencer, puisque nous les avons précipités plus bas que le seuil où l'on végète : en pleine misère. Tous les hommes qui le pouvaient ont quitté le métier pour aller gagner plus ailleurs. Pourtant, les instituteurs et professeurs du second degré doivent être l'élite d'une nation, appelée par une *vocation :* c'est tout notre avenir qui leur est confié. (Or dans quels instituts avons-nous formé, de quelles sornettes idéologiques avons-nous nourri ceux d'aujourd'hui ? C'est par les programmes des instituts pédagogiques qu'il faut commencer la réforme, entreprendre le sauvetage des vraies connaissances.)

Il faut, apparemment, s'attendre à l'apparition dans un proche avenir d'écoles privées, payantes, qui devanceront le relèvement général de tout notre enseignement et entendront privilégier certaines matières et certains aspects de la formation. Mais ces écoles-là ne devront pas fixer leurs programmes de façon arbitraire et irresponsable, elles devront être soumises à la surveillance et au contrôle des organismes compétents du zemstvo.

Abandonnée à elle-même aussi bien par la famille que par l'école, notre jeunesse, si elle ne va pas vers la criminalité, s'adonne en grandissant à une imitation irraisonnée et barbare de quelque chose qui la séduit parce que venant d'ailleurs. Le Rideau de Fer que nous avons connu a parfaitement protégé notre pays contre tout ce que l'Occident possède de bon : vie civique sans entraves, respect de la personne, diversité des activités individuelles, bien-être général, mouvements de bienfaisance ; mais comme il ne descendait pas absolument jusqu'en bas, du purin filtrait par-dessous, le purin d'une « culture populaire de masse » dévoyée et déchue, de modes profondément vulgaires et d'une rage malsaine à tout rendre public. Et notre jeunesse frustrée s'imprégnait avidement de ces rebuts : les jeunes d'Occident font les ânes parce qu'ils ont tout ; les nôtres, qui n'ont rien, copient sans réfléchir leurs amusements. Et notre télévision d'aujourd'hui répand avec empressement dans tout le pays ces ruisseaux malpropres. (Protester là-contre vous fait taxer de conservatisme noir. Mais il est instructif de noter qu'à propos d'un phénomène semblable, des voies angoissées s'élèvent en Israël : « La révolution culturelle hébraïque n'a pas été faite pour que notre pays capitule devant l'impérialisme culturel américain et ses sous-produits », devant « les déchets intellectuels de l'Occident ».)

Tout est bien connu et on l'a écrit plus d'une fois : les riches fonds de nos bibliothèques périssent, les salles de lecture restent à demi vides, les musées sont à l'abandon. Eux , oui, ont vraiment besoin de l'aide de l'État, ils ne peuvent vivre de leurs recettes comme le peuvent les théâtres, les cinémas et les expositions artistiques. (Alors que le sport ne doit en aucun cas — même pour rapporter au pays une gloire mondiale — être financé par l'État : qu'il vive de ce qu'il arrivera à collecter ; la formation de base en gymnastique et athlétisme étant dispensée par l'école.)

Les institutions sont-elles tout ?

Il faut bien le reconnaître : notre pays a cruellement perdu la partie du XXe siècle ; ses réalisations annoncées à son de trompe étaient toutes illusoires. D'un état florissant, nous sommes retombés dans une demi-sauvagerie. Un désastre est passé sur nous.

D'âpres discussions se déroulent en ce

moment chez nous pour déterminer quelle organisation de l'État nous convient désormais et quelle autre ne nous convient pas : là serait, dit-on, la clé de tout. Et on cherche aussi quel nouveau parti ou « front » plein de nerf pourrait nous conduire au succès.

Mais remonter la pente aujourd'hui, cela ne se réduit pas à trouver l'organisation politique la plus commode et à la fixer en toute hâte dans une remarquable constitution : article 1er, article 45. Il faut que nous nous montrions plus prévoyants que nos malchanceux pères et grands-pères de 1917, que nous nous gardions de reproduire le chaos de Février, de devenir à notre tour le jouet de slogans séduisants et d'orateurs bouillonnants, de nous livrer volontairement, une seconde fois, à l'ignominie.

Un changement radical de pouvoirs publics exige de la responsabilité et de la réflexion. L'innovationnisme ne mène pas nécessairement tout droit au bien. Ceux qui avaient été en 1916 d'incomparables critiques de notre régime politique révélèrent en 1917, quand ils reçurent le pouvoir, qu'ils n'étaient absolument pas prêts à l'exercer, et causèrent notre ruine. Rien ne garantit que nos nouveaux dirigeants actuels vont montrer d'emblée une tête froide et un œil clairvoyant. On a vu le critique victorieux de l'immonde *Système* (ainsi l'appelait-il par un contournement prudent), à peine élu aux affaires, manifester son insensibilité à l'égard de la province, qui nourrit pourtant la capitale. Voici déjà soixante ans que Moscou vit aux crochets du pays affamé : au début des années trente elle s'est laissé silencieusement acheter par les autorités — on partagerait désormais le gâteau —, et est devenue une sorte d'île privilégiée jouissant de conditions matérielles et culturelles différentes de celles qui régnaient dans le reste de la Russie de souche. D'où un changement intervenu également dans la psychologie de la gent moscovite capable de faire entendre sa voix : durant des dizaines d'années, elle s'est abstenue d'exprimer les vraies douleurs du pays.

Nous ne remarquons pas, dans l'effervescence des meetings et des petits partis en train de naître, que nous avons réendossé les oripeaux de Février, de ces huit funestes mois de 1917 qui constituent Février. Certains s'en sont pourtant aperçus et s'écrient, pleins d'un enivrement aveugle : « C'est une nouvelle révolution de Février ! » (Pour que tout coïncide exactement, on a déjà vu ressortir jusqu'aux drapeaux noirs des anarchistes.)

Après une période dévoreuse d'hommes qui a duré trois quarts de siècle, puisque nous avons déjà payé un tel prix, et puisque nous nous retrouvons, par le jeu des circonstances, à celle des extrémités du spectre politique qui comporte un pouvoir central très fort, il ne faut pas que nous glissions étourdiment, dans notre hâte, vers le chaos : l'anarchie est *la première* porteuse de mort, comme nous l'a appris 1917.

Si nous n'avons pas soif d'une révolution, notre État doit nécessairement être stable, dans une continuité sans heurts. Le statut, déjà défini, d'un pouvoir présidentiel potentiellement fort s'avérera utile pendant pas mal de temps encore. Dans notre accumulation de malheurs, que complique encore tellement l'inévitable séparation d'avec les républiques périphériques, nous ne pouvons pas nous attaquer à la fois aux problèmes de la terre, du ravitaillement, du logement, de la propriété, des finances, de l'armée, — et à celui de l'organisation de l'État. Il est des choses, dans nos institutions actuelles, que nous devons, en attendant, accepter, pour la seule raison qu'elles existent déjà.

Bien entendu, nous doterons progressivement d'une nouvelle structure l'organisme de l'État. Il ne faut pas vouloir mettre tout en chantier à la fois, mais commencer par un bout. Par où, c'est clair : p a r l e b a s, par les institutions l o c a l e s. Tout en conservant un pouvoir central fort, nous devrons élargir patiemment et opiniâtrement les droits de la vie *locale*.

Bien entendu aussi, notre vie publique va prendre progressivement une forme précise qui, vu notre totale inexpérience politique, a toutes les chances de ne pas être d'abord la bonne, la mieux adaptée aux besoins propres de ce pays-ci. Il va falloir que nous cherchions notre voie *à nous*. Un phénomène d'autosuggestion fait dire couramment, aujourd'hui, que nous n'avons nul besoin de chercher une voie originale ni de réfléchir à quoi que ce soit, et qu'il nous suffit de copier au plus vite « ce qui se fait en Occident ».

Mais dans ce qui se fait en Occident, quelle variété ! Chaque pays a sa tradition propre. Il n'y aurait donc que nous qui puissions nous dispenser de regarder ce qui nous entoure et de prêter l'oreille à ce qu'ont dit chez nous, avant notre naissance, les gens intelligents ?

Disons aussi que l'organisation de l'État est secondaire par rapport à l'air qu'on respire dans les rapports humains. Nobles, les gens rendent tolérable tout système politique de bon aloi ; aigris et sauvagement égoïstes, ils rendent invivable la démocratie la plus débordante. S'il n'y a, à l'intérieur des gens, ni justice ni honnêteté, cela se manifestera sous n'importe quel régime.

La vie politique n'est absolument pas l'essentiel dans l'existence d'un homme, la politique n'est absolument pas l'occupation à laquelle aspire la majorité des gens. Plus la vie politique gesticule dans un pays, plus s'y perd la vie spirituelle. Les forces spirituelles d'un peuple et le temps dont il dispose pour créer ne doivent pas s'engloutir dans la politique. Outre ses *droits*, l'homme a besoin de préserver son âme, de la libérer pour qu'elle puisse s'adonner à la vie de l'intelligence et des sentiments.

Et nous-mêmes, quels gens sommes-nous ?

La source de la force ou de l'impuissance d'une société est son niveau de vie spirituel, et seulement ensuite le niveau de son industrie. L'économie de marché et même l'abondance générale ne sauraient être à elles seules le couronnement de l'humanité. La propreté des rapports entre les membres d'une société est plus fondamentale que le degré d'abondance qu'elle a atteint. Si les forces spirituelles sont taries au sein d'une nation, aucune organisation politique, fût-elle la meilleure du monde, ni aucun développement industriel ne la sauveront de la mort : un arbre au cœur pourri tombe. Parmi toutes les libertés possibles, c'est celle d'agir sans conscience qui montera, quoi qu'on fasse, à la première place : car aucune loi ne peut interdire ni prévoir ces actions-là. Les lois des juristes sont impuissantes, hélas, à créer dans une société une atmosphère *propre*.

La destruction de nos âmes par ces trois quarts de siècle, voilà ce qui est le plus effrayant.

Il est effrayant que notre classe dirigeante corrompue — les millions et les millions de personnes formant la « nomenklatura » du parti et de l'État — est incapable de renoncer d'elle-même à aucun des privilèges qu'elle s'est arrogés. Après avoir vécu sans vergogne aux crochets du peuple durant des dizaines d'années, elle voudrait continuer.

Et lesquels de nos anciens bourreaux et persécuteurs ont été ne fût-ce que délogés de leurs fonctions ? du confort immérité qui entoure leur retraite ? Jusqu'à sa mort nous avons choyé Molotov, nous choyons jusqu'à présent Kaganovitch et combien d'autres que je ne nomme pas. En Allemagne, tous ces gens-là, et même de bien moins gros poissons, sont passés en jugement ; chez nous, au contraire, *ce sont eux* qui menacent aujourd'hui les autres du tribunal et il en est, comme le criminel tchékiste Berzine, auxquels on érige — de nos jours ! — des monuments. Mais à quoi bon parler de châtier nos criminels d'État ? c'est en vain que nous attendrons d'eux la plus petite amorce de repentir. Ne pourrait-on pas, au moins, les soumettre au jugement moral de l'opinion publique ? Non, il semble bien que nous soyons destinés à continuer comme ça, clopin-clopant...

Et les fameuses forces motrices de la glasnost et de la pérestroïka ? Parmi ces mots à la mode, on ne trouve pas celui de p u r i f i c a t i o n. Toutes les bouches salies d'avoir servi le totalitarisme pendant des dizaines d'années se sont ruées avec les autres dans le courant nouveau. Sur quatre chantres de la glasnost actuelle, on en compte toujours trois qui étaient, récemment encore, les porte-coton du brejnévisme, — et lequel d'entre eux a prononcé un mot de repentir *personnel*, au lieu de maudire la « stagnation » sans visage ? Et jusqu'à présent pérorent avec assurance, du haut des chaires de sciences humaines de nos établissements d'enseignement supérieur, tous ceux qui ont, des dizaines d'années durant, manipulé l'esprit des étudiants. C'est par dizaines de milliers que les membres de la tribu instruite sont souillés d'hypocrisie et d'opportunisme, — et tant pis, nous n'attendons aucun repentir de personne, et nous allons laisser cette sanie des âmes entrer, collée à nous, dans le futur ?

Et le bizutage pourrisseur d'âmes que subissent nos fils dans les casernes ? N'en resteront-ils pas marqués à jamais ?

Et la rancœur généralisée qui monte tout le monde contre tout le monde ? comme ça, pour rien. On en veut à des gens qui ne vous ont rien fait.

Et faut-il s'étonner de l'explosion de la criminalité chez des gens à qui les chemins honnêtes ont été fermés durant toute leur jeunesse ?

Les marchands russes de jadis avaient leur « parole de marchand » (on concluait les transactions sans contrats écrits), ils avaient des idées chrétiennes, de grands gestes de bienfaisance qui sont entrés dans l'histoire. Pourrons-nous attendre la même chose des requins grandis dans les eaux troubles de notre société ?

Avant de connaître son épanouissement économique, l'Allemagne de l'Ouest a été envahie par un lourd nuage de repentir. Chez nous, le mouvement n'est même pas commencé. Les lourdes et grasses grappes des mensonges familiers dominent et enguirlandent toute notre glasnost. Mais nous faisons semblant de ne pas les voir.

Et pour cette raison, notre développement n'ira pas droit.

On aimerait trouver un réconfort dans la possibilité d'une influence bienfaisante de l'Église. Hélas, même en ce moment où tout bouge dans le pays, la hiérarchie orthodoxe est peu touchée par la dynamique de l'audace. (Et puis, attention : quand la misère est générale, il faut renoncer aux signes de richesse qui font la séduction du pouvoir.) L'Église orthodoxe ne pourra nous aider à assainir la société que lorsqu'elle aura trouvé en elle la force de se libérer totalement du joug de l'État et de restaurer ce lien vivant avec la sensibilité de tout le peuple qui, même au plus chaud de l'année 1917, avait su briller d'un tel éclat lors de l'élection des métropolites Tikhon et Benjamin et de la convocation du Concile* local. Elle devrait à nouveau, aujourd'hui, donner l'exemple en se dressant sans peur, selon le commandement du Christ, non seulement devant l'État, mais aussi devant la société, devant les brûlantes épreuves de l'heure, et devant elle-même. Ici aussi, comme dans les autres domaines de notre vie, les mouvements de résurrection sont à attendre — et ils ont déjà surgi — *d'en bas*, des simples prêtres, des paroisses soudées, des laïcs pleins d'abnégation.

L'autolimitation

Le slogan le plus à la mode actuellement, et que nous répétons tous volontiers, est « les droits de l'homme ». (Bien que nous y mettions des contenus fort différents. L'intelligentsia des capitales entend : liberté de parole, liberté de la presse, liberté de réunion et d'émigration, — mais ce que le bas peuple comprend, beaucoup en seraient indignés et en réclameraient l'interdiction, car il vise, lui, le droit d'avoir un logis et de travailler là où on trouve à manger, ce qui ferait affluer des millions de gens dans les capitales.)

« Les droits de l'homme », c'est très bien, mais comment veiller *nous-mêmes* à ce que nos droits n'empiètent pas sur ceux des autres ? Une société de droits sans frein est incapable de résister aux épreuves. Si nous ne voulons pas nous retrouver dominés par un pouvoir contraignant, chacun doit se mettre à lui-même un frein. Aucune constitution, aucune loi ni aucun vote n'assureront par eux-mêmes l'équilibre de la société, car le propre des hommes est de poursuivre opiniâtrement leur intérêt personnel. La majorité d'entre eux, s'ils ont le pouvoir d'augmenter leur surface et de happer de bons morceaux, le font. (Et c'est précisément ce qui a perdu tous les groupes ou classes dirigeants de l'histoire.) On ne fonde pas une société stable sur l'égalité des résistances mutuelles, on la fonde sur une autolimitation consciente : sur le devoir de toujours céder à la justice morale.

Seule l'autolimitation permettra à l'humanité, toujours plus nombreuse et plus dense, de continuer à exister. Et sa longue évolution aura été vaine si elle ne se pénètre pas de cet esprit : tous les animaux possèdent en effet la liberté de happer des proies et se remplir le ventre. La liberté humaine, elle, va jusqu'à l'autolimitation volontaire pour le bien d'autrui. Nos obligations doivent toujours dépasser la liberté dont nous jouissons.

Puissions-nous seulement réussir à assimiler l'esprit d'autolimitation et, surtout, à le transmettre à nos enfants. Car c'est pour lui-même que chaque homme en a d'abord besoin, pour acquérir son équilibre et une âme imperturbable.

Nous avons là de nombreuses possibilités intérieures. Par exemple : après la longue ignorance dans laquelle on nous a confinés, il est naturel que nous ayons faim, toujours faim d'apprendre la vérité sur ce qui nous est arrivé. Mais certains remarquent déjà, et d'autres le sentiront bientôt, que l'indominable torrent contemporain de menues informations superflues qui vient s'y ajouter éparpille notre âme dans le vide, et qu'à partir d'une certaine limite, nous devons nous préserver de lui. Il y a, dans le monde d'aujourd'hui, de plus en plus de journaux différents qui enflent à qui mieux mieux et se bousculent pour nous surcharger de leur poids. Il y a de plus en plus de chaînes de télévision, et qui émettent même de jour (notez que l'Islande a décidé, ce qui est déjà quelque chose, de se passer totalement de télévision une fois par semaine) ; il se fait de plus en plus de bruit pour la propagande, le commerce et le divertissement (notre pays est jusqu'à présent abruti de radio par les haut-parleurs obsédants qui dominent ses espaces). Comment donc faire respecter *le droit* de nos oreilles au silence, le droit de nos yeux à la vision intérieure ?

Sortir progressivement de notre période de malheurs, comme la Russie saura ou ne saura pas le faire maintenant, est plus difficile qu'il ne le fut jadis de secouer le joug tatar : car l'épine dorsale du peuple n'avait pas été brisée, ni sa foi chrétienne sapée.

En 1754, sous Élisabeth, Piotr Ivanovitch Chouvalov présenta un étonnant *Projet de sauvegarde du peuple*.

Bizarrerie ?

Non : sagesse d'homme d'État.

A PLUS LONG TERME

Il ne faut pas compter qu'à l'actuel « temps* des troubles » vienne succéder je ne sais quel temps paisible où nous n'aurions plus qu'à nous installer et à réfléchir à la meilleure façon d'organiser l'avenir. Le processus historique est ininterrompu et personne ne nous fera « ensuite » la faveur d'un répit, pas plus qu'on n'avait laissé l'Assemblée* constituante « s'installer et réfléchir ». Et, si brûlant soit l'aujourd'hui, il faut tout de même réfléchir à l'avance à notre future organisation. (Moi-même, mon âge ne me donne pas la certitude que je pourrai encore participer à la discussion de ces problèmes.)

Avant la révolution, notre peuple, dans sa masse, n'avait pas d'idées politiques et les soixante-dix années de propagande et de bourrage de crânes qui ont suivi ne pouvaient que le conduire à l'abêtissement. Aujourd'hui que nous avons progressé jusqu'à voir se développer parmi nous une vie politique et que déjà sont discutées les formes du futur pouvoir, il est utile, pour éviter d'éventuelles erreurs, de préciser le contenu de certains termes.

Sur la forme de l'État

Oswald Spengler a indiqué fort justement que le *sens* même du mot « État » diffère selon les différentes cultures et qu'il n'existe pas de formes étatiques déterminées, « meilleures », qu'il conviendrait d'emprunter à une grande culture pour la faire passer dans une autre. Et Montesquieu : à chaque dimension d'un État dans l'espace correspond une forme déterminée de gouvernement et on ne saurait impunément transporter une forme sans prendre en considération les dimensions du pays.

Pour un peuple *donné*, avec sa géographie, l'histoire qu'il a vécue, ses traditions, son profil psychologique, il faut établir un régime qui le conduise non pas à la dégénérescence, mais à l'épanouissement. La structure de l'État doit nécessairement tenir compte des traditions du peuple. « Ainsi parle le Seigneur : arrêtez-vous sur vos routes et voyez, et informez-vous des sentiers de jadis, quelle était la voie du bien, et suivez-la » (Jérémie 6, 16).

Le peuple a indubitablement droit au pouvoir, mais ce n'est pas le pouvoir qu'il veut (la soif du pouvoir n'est l'apanage que de quelque deux pour cent), c'est avant tout un ordre stable. Même le socialiste chrétien G.P. Fédotov, après l'expérience de 1917, insistait sur la nécessité d'un pouvoir fort et même, ajoutait-il, indépendant du conseil des législateurs et tenu de lui rendre des comptes seulement au bout d'un temps suffisamment long. (Ce qui, du coup, est sans doute trop.)

Si l'on adopte l'ordre de construction *par le bas* des institutions de liberté tel qu'il est proposé ci-après, tout en conservant provisoirement le pouvoir central avec les traits formels sous lesquels il existe aujourd'hui, cela nous prendra pas mal d'années, ce qui nous laissera le temps d'examiner à fond de saines règles de construction pour l'État.

Concernant l'avenir, aujourd'hui, il n'est possible de formuler un avis que sous forme de supposition, en laissant toute latitude de se déployer à l'expérience qui nous attend, ainsi qu'à de nouvelles réflexions. La forme définitive de l'État (si tant est qu'elle puisse jamais être telle) est l'affaire de tentatives et d'approximations successives.

Platon et, à sa suite, Aristote ont distingué et dénommé trois espèces possibles d'organisation de l'État. Ce sont, dans l'ordre normal : la monarchie, pouvoir d'un seul ; l'aristocratie, pouvoir des meilleurs ou en vue des meilleures fins ; et la *politeia*, pouvoir du peuple dans une petite cité-État exercé dans l'intérêt commun (nous disons aujourd'hui : démocratie). Ils ont également averti des formes dégradées prises par chacune de ces espèces, respectivement : la tyrannie ; l'oligarchie ; la démocratie, pouvoir de la foule (nous disons maintenant : ochlocratie). Ces formes peuvent toutes les trois être bonnes, si elles gouvernent pour le bien public, et toutes les trois dénaturées, lorsqu'elles poursuivent des intérêts privés.

Depuis lors, semble-t-il, personne, pratiquement, n'a rien créé qui n'entrât point dans ce schéma, que l'on a seulement complété sous forme de constitutions. Et si nous laissons de côté l'absence totale de pouvoir (l'anarchie, pouvoir de chaque fort sur chaque faible) et nous gardons de tomber dans la chausse-trappe du totalitarisme, invention du XXe siècle, on ne saurait dire que nous ayons un bien grand choix : nous abandonnant au courant de la modernité, nous choisirons sans aucun doute la démocratie.

Mais, ce faisant, il faut comprendre avec netteté c e q u e précisément nous choisissons et à quel prix. Et que nous le choisissons comme moyen et non comme fin. Le philosophe contemporain Karl Popper a dit : si nous choisissons la démocratie, ce n'est pas parce qu'elle surabonde de vertus, mais seulement pour éviter la tyrannie. Nous la choisissons, conscients de ses défauts et soucieux de rechercher le moyen de les surmonter.

A notre époque, dans maints jeunes pays, la démocratie, à peine introduite, a fait aussitôt fiasco ; et pourtant c'est justement à notre époque

que la démocratie, de l'une des formes possibles d'organisation de l'État, a été érigée en une sorte de principe universel de l'existence des hommes, presque en objet de culte.

Essayons tout de même de dépister le sens exact du terme.

Ce qu'est et n'est pas la démocratie

Alexis de Tocqueville tenait pour opposées les notions de démocratie et de liberté. Il était un ardent partisan de la liberté, mais absolument pas de la démocratie. John Stuart Mill voyait dans la démocratie illimitée un danger de « tyrannie de la majorité » ; or peu importe à l'individu d'être soumis à la tyrannie d'un seul ou d'un grand nombre.

G. Fédotov a dit que la démocratie a été déformée par le matérialisme athée du XIXe siècle qui a décapité l'humanité. Et Joseph Schumpeter, homme d'État autrichien de notre siècle, traitait la démocratie d'*ersatz* de la foi pour l'intellectuel privé de religion. Et avertissait qu'il était impossible de considérer la démocratie hors de son pays et de son époque d'application.

Le philosophe russe S.A. Lévitski a proposé de distinguer :

— *l'esprit de démocratie :* 1. liberté de la personne ; 2. État de droit ;

— et les traits caractéristiques secondaires de celle-ci : 1. régime parlementaire ; 2. suffrage universel. Ces deux derniers principes n'ont rien d'évident.

Le respect de la personne humaine est un principe plus large que la démocratie, et lui, oui, doit être absolument maintenu. Mais respecter la personne humaine n'entraîne pas obligatoirement la forme du parlementarisme. Toutefois les droits de la personne, eux non plus ne doivent pas être érigés à une hauteur telle qu'ils masqueraient ceux de la société. Le pape Jean-Paul II a émis l'idée (discours aux Philippines, 1981) qu'en cas de conflit entre la sécurité nationale et les droits de l'homme, la priorité doit être accordée à la sécurité nationale, c'est-à-dire à l'intégrité de la structure la plus large sans laquelle s'effondrerait la vie des personnes.

Et le président Ronald Reagan (discours à l'Université de Moscou, 1988) s'est exprimé ainsi : la démocratie est un moyen non pas tant de régir un pays que de limiter un gouvernement, pour l'empêcher de *nuire* au développement en l'homme des *valeurs essentielles* que donnent la famille et la foi.

Chez nous, aujourd'hui, « démocratie » est le mot le plus à la mode. On le décline, on le fait sonner, tonner (on spécule sur lui) de toutes les façons.

Mais il ne ressort guère que nous ayons bien réfléchi à son sens exact.

Après l'amère expérience de l'an Dix-sept, où nous nous étions étalés dans les grandes largeurs dans ce qu'on estimait être la démocratie, l'important leader cadet V.A. Maklakov avoua (et rappela à nous tous) : « La démocratie nécessite une certaine discipline politique de la part du peuple. »

Or cette discipline n'existait pas chez nous en Dix-sept, et aujourd'hui encore moins, c'est à craindre.

Universel — Égal — Direct — Secret

Introduisant en 1937 la singerie de ses « élections », Staline aussi fut obligé de leur donner l'aspect d'un scrutin universel — égal — direct — secret (le « fouet* à quatre queues »), un mode de scrutin qui, dans le monde d'aujourd'hui, semble aussi incontestable qu'une loi de la nature. Pourtant, même après la première Révolution française (Constitution de 1791), le suffrage n'était pas encore tel : il subsistait des restrictions et des inégalités du fait de divers cens. L'idée du droit de vote universel n'a triomphé en France qu'avec la révolution de 1848. En Angleterre, durant tout le XIXe siècle, il se trouva des combattants d'importance en faveur de l'« ordre constitutionnel », un ordre qui garantît qu'aucune majorité n'exerçât sa tyrannie sur la minorité, que fût représentée au parlement toute la diversité des couches de la société, et cela par des hommes respectés et conscients de leurs responsabilités devant le pays ; il s'agissait de conserver les piliers sur lesquels avaient grandi le pays. C'est depuis 1918 que l'Angleterre, à son tour, s'est laissée gagner par le suffrage universel.

Dostoïevski tenait le suffrage universel et égal pour « la plus stupide invention du XIXe siècle ». A tout le moins, ce n'est pas la loi de Newton et il est permis de s'interroger sur ses propriétés. « Universel et direct », malgré l'extrême inégalité des personnes, de leurs capacités, de leur contribution à la vie publique, malgré la diversité des âges, des expériences de la vie, des degrés d'enracinement dans ce lieu et ce pays ? Autrement dit, le triomphe de la quantité, pauvre en contenu, sur la qualité, qui en est riche. En outre, pareilles élections (« omnicitoyennes ») supposent une nation *instructurée* : non pas un organisme vivant mais un agglomérat mécanique d'unités dispersées.

« Secret », non plus, n'est pas un tel ornement : ce mode facilite la cautèle de l'âme ou répond, hélas, aux nécessités de la peur. Mais aujourd'hui encore, il est des lieux sur la terre où l'on vote publiquement.

« Direct » (c'est-à-dire que les députés de quelque niveau que ce soit sont élus directement par le suffrage issu des urnes du premier niveau) : particulièrement discutable dans un pays aussi vaste que le nôtre. Ce mode condamne les électeurs à *ne pas connaître* leurs députés ; l'avantage va à ceux qui ont la langue la mieux pendue ou qui disposent de puissants moyens occultes.

Toutes les particularités du système électoral et des modes de scrutin ont été étudiées dans tous les détails en Russie par des commissions, des comités de parti, au printemps et en l'été de 1917, ce qui fit justement manquer le coche à l'Assemblée constituante. Et tous les partis démocratiques se prononcèrent contre des élections à quatre, trois ou même deux degrés, au motif que celles-ci créent une chaîne de relations personnelles entre les candidats, et que les représentants élus sont plus étroitement liés à leurs localités d'origine, à leur « clocher », ce qui prive tous les partis de la possibilité de placer leurs propres candidats issus de la direction centrale. Le leader des cadets* P.N. Milioukov insistait sur le point que seules des élections *directes* dans de *grandes* circonscriptions « garantiraient l'élection d'un candidat issu de l'intelligentsia et politiquement préparé ».

A chacun ses besoins.

Les modes de scrutin

Le suffrage universel a pour fin de manifester la Volonté du Peuple : la Volonté vraie qui gouvernera toutes choses de la manière la meilleure pour le peuple. Existe-t-il pareille Volonté une et quelle est-elle ? nul ne le sait. Mais il est remarquable que les divers systèmes de scrutin nous font connaître cette volonté de façon diverse et même opposée.

Chez nous, la majorité des gens n'estime guère importante la façon dont est organisé le scrutin, or celle-ci exerce une influence essentielle.

Sont en concurrence dans le monde au moins trois modes de scrutin : proportionnel, majoritaire et à la majorité absolue.

Le système proportionnel n'est guère utilisé autrement que *par listes* (dressées, bien entendu, par les partis) : dans chaque circonscription (pour un certain nombre de députés à la fois : les partis ont ainsi plus de facilités pour faire leur propagande et contrôler) chaque parti propose une liste de candidats. Et de ce fait, le candidat, pris isolément, perd toute responsabilité personnelle devant ses électeurs, il n'est plus responsable que devant son parti ; les électeurs, eux, n'ont plus le droit de choisir par eux-mêmes le candidat bien précis en qui ils ont confiance, ils ne font que choisir un parti. (On distingue trois sous-systèmes : celui des listes « bloquées », quand l'électeur ne peut changer l'ordre de préférence sur la liste, et que c'est le parti lui-même qui a déjà fait son choix ; ce procédé est spécialement applicable au cas d'une population peu instruite ; et le sous-système des listes « libres », dans lequel l'électeur peut marquer sa préférence pour tel ou tel candidat pris dans la liste, ou même proposer sa propre liste, ce qui, à vrai dire, complique énormément la technique de dépouillement. Il existe une troisième variante, quand les circonscriptions sont divisées en sous-circonscriptions, avec un seul nom pour chacune et que, de toute façon, une commission de circonscription recueille les suffrages par partis et attribue, en proportion, les places aux partis précisément et non aux personnes. Dans tous les cas le choix des *personnes* incombe, pour l'essentiel, aux partis.)

En 1917, tous les partis, des cadets aux bolcheviks, préférèrent justement ce dernier système, même dans les circonscriptions où il y avait beaucoup de candidats. Décision fortement approuvée par l'influent cadet I.V. Guessen : c'était le plus commode pour que les partis s'organisent et agissent, tandis que, « avec un scrutin uninominal il n'était pas rare de voir le rôle dirigeant échapper aux mains des partis » ; approuvée également par notre vieille connaissance V.I. Oulianov-Lénine, pour qui « un des modes de scrutin les plus progressistes » était celui où on élisait « non pas des individus, mais les représentants des partis ». Ce n'est évidemment pas pour rien que ce système lui plaisait. Les élections à la proportionnelle avec scrutin de liste renforcent exagérément le pouvoir des instances des partis, qui constituent les listes de candidats, l'avantage allant alors aux grands partis organisés. Et il est particulièrement avantageux pour les partis de pouvoir placer un peu partout les militants de leurs directions centrales dans des circonscriptions lointaines, où ceux-ci ne résident pas, et assurer ainsi leur élection. Cette condition — qu'un candidat ne soit pas astreint à résider dans sa circonscription — avait fait l'objet de la particulière insistance du congrès cadet de l'été 1917 : cela donnait « au Comité central la possibilité de centraliser l'organisation des élections ». Tous les autres partis, d'ailleurs, en firent autant. La *démocratie centralisée*, en quelque sorte.

Avec le scrutin proportionnel les petites minorités peuvent d'ordinaire avoir voix au chapitre dans l'assemblée des représentants, mais quantité de groupes parlementaires se constituent et les forces se dispersent en une poussière de discordes. Ou alors les partis sont poussés à corriger leur position par le biais de coalitions sans principe en acceptant des entorses à leur programme, pourvu seulement qu'ils rassemblent assez de voix pour s'emparer du gouvernement. Il existe, dans le monde d'aujourd'hui, des exemples frappants d'une faiblesse semblable de l'État marquée par de longues crises gouvernementales.

Avec le scrutin majoritaire, il se produit

également ce genre de compromissions contre nature entre les partis, mais sous la forme de blocs constitués dès avant les élections. Avec ce système, à peine un parti (ou un bloc) a-t-il devancé les autres qu'il obtient une majorité écrasante de sièges, tandis que, si peu qu'il se retrouve derrière, c'est le désastre total : même après avoir obtenu 49 % des suffrages, on peut parfaitement se retrouver sans aucun siège au parlement. Et pour peu que les circonscriptions électorales soient mal réparties, il peut même arriver que le scrutin majoritaire donne la victoire à la minorité. Ce fut le cas, par exemple, en France, aux élections de 1893, 1898, 1902 : certains députés victorieux avaient obtenu moins de voix que les vaincus ; dans les deux derniers cas, 53 % des électeurs étaient complètement privés de représentation à la Chambre des députés.

En revanche, ce scrutin permet la constitution de gouvernements stables.

Le système que l'on est en train d'introduire chez nous d'élections à la majorité absolue (avec un éventuel deuxième tour) élimine aussi les petits partis, mais rend possibles les marchandages de voix entre les deux tours.

Dans un système bipartite, comme aux États-Unis, les candidats indépendants n'arrivent à rien, l'électeur apportant sa voix à l'un des deux grands partis (tous les deux disposent d'un puissant appareil et de très riches appuis). Dans un tel système, pas tout de suite, pas toujours en une seule campagne électorale, le mécontentement public trouve tout de même une issue, mais négative : tout, pourvu qu'on se débarrasse de lui, du parti dirigeant, sans la moindre garantie de ce que sauront faire les successeurs.

Ainsi, le simple mode de scrutin peut faire varier de façon ahurissante tant la composition du gouvernement que son programme, lequel exprime, bien entendu, la Volonté du Peuple.

Mais, d'une façon générale, il faut bien dire que tout scrutin, quel qu'en soit le mode, n'est pas une recherche de la vérité. Tout ici se ramène au nombre, à une idée arithmétique simplifiée, à l'engloutissement de la minorité par la majorité, et c'est là un instrument dangereux : la minorité n'a pas moins d'importance pour la société que la majorité, et la majorité peut donner dans la tromperie. « Tu ne suivras pas le grand nombre pour faire le mal, et tu ne décideras pas dans un procès en déviant de la vérité à la suite du plus grand nombre » (Exode 23, 2).

Ajoutez que les campagnes électorales où il y a un grand nombre de votants et qui s'adressent à des électeurs inconnus sont tellement futiles, criardes, étant donné aussi la partialité fréquente des médias, qu'elles ne font que rebuter une part importante de la population. Certes, la télévision révèle l'extérieur d'un candidat, sa façon de se tenir, mais elle ne montre rien de ses capacités d'homme d'État. Toute campagne électorale de ce genre donne lieu à une vulgarisation de la pensée politique. Pour exercer le pouvoir avec succès, il faut du talent et un esprit créateur : sont-ce là choses faciles à élire au suffrage universel et sur d'immenses espaces ? Pris en soi, ce système n'oblige pas les hommes politiques à dépasser, en agissant, leurs propres intérêts politiques, au contraire même : qui prétend partir de principes moraux risque fort d'échouer.

Alexis de Tocqueville, étudiant les États-Unis au XIXe siècle, était arrivé à la conclusion que la démocratie représentait le règne de la médiocrité. (Encore que les circonstances extraordinaires que traverse un pays puissent y mettre en avant de fortes personnalités.)

La représentation du peuple

Voilà notre candidat élu, devenu *représentant du peuple*.

La démocratie athénienne récusait toute « représentativité » en tant que sorte d'oligarchie. Mais, peu étendue comme elle était, elle pouvait se le permettre.

Au contraire, les États Généraux français de 1789, à peine assemblés, firent passer une loi stipulant que chaque député désormais n'était plus qu'une part de cette assemblée collective, *laquelle est justement la volonté du peuple.* Du même coup, chaque député se trouvait coupé de ses électeurs et de sa responsabilité personnelle devant eux.

Nos quatre successives Doumas* d'Empire elle-mêmes exprimaient peu les profondeurs et les étendues de la Russie, simplement d'étroites couches d'un certain nombre de villes, la majorité de la population n'avait guère pénétré le sens de ces élections et des partis d'alors. Et V. Maklakov, brillant membre de la Douma, admit que, même en démocratie, la « volonté du peuple » était une fiction : ce qu'on prend pour elle, c'est la décision de la majorité parlementaire.

Impossible, d'ailleurs, pour le peuple de rédiger des instructions précises à ses députés en prévision de toutes les éventualités futures. Et il n'existe pas d'impulsion telle qu'elle forcerait les élus d'aujourd'hui à dépasser leurs *futurs* intérêts électoraux, les combinaisons des partis, et à servir seulement les intérêts de la patrie compris en profondeur, même (et inévitablement) s'il devait en résulter un dommage pour eux-mêmes et pour leurs partis. Ce qui se fait, c'est ce qui plaît superficiellement aux électeurs, quand bien même, de par sa signification profonde ou ultérieure, cela serait pour eux un mal. Or dans un immense pays comme le nôtre, la possibilité d'éprouver les élus s'en trouve réduite d'autant et plus grande est la possibilité d'abus de leur part. En l'absence de mécanisme de contrôle au-dessus d'eux il ne demeure que cette seule possibilité : essayer d'empêcher leur réélection la fois suivante ; la majorité populaire ne dispose d'aucune autre façon d'influer sur le cours du gouvernement de l'État. (Or, pourtant, dans aucune autre espèce de représentation — civile, commerciale — les mandataires ne peuvent avoir plus de droits que leurs mandants, et ils perdent leur mandat s'ils s'en acquittent malhonnêtement.) Mais, même ainsi, reste ce paradoxe : dans le système — fréquent — où le gouvernement est formé sur la base de la majorité parlementaire, les membres de cette majorité cessent dès lors d'être des représentants du peuple indépendants qui s'opposent au gouvernement ; de toutes leurs forces ils lui complaisent et l'épaulent, avec un seul but : le voir se maintenir à tout prix.

(Au demeurant, le principe de la *complète* séparation des pouvoirs législatif, exécutif et judiciaire ne laisse pas d'être discutable : n'est-ce pas là la désagrégation de l'organisme vivant de l'État ? Ces trois pouvoirs, une fois désagrégés, ont besoin au-dessus d'eux d'une sorte de contrôle unifiant, sinon formel, du moins éthique.)

Autre chose encore : tous les procédés de la bataille électorale exigent d'un homme certaines qualités, et la conduite de l'État en exige d'autres complètement différentes et qui n'ont rien de commun avec les premières. Rare est le cas où un homme possède les unes et les autres, les secondes lui seraient une gêne dans la compétition électorale.

En attendant, la « représentation » devient comme la profession d'un homme, quasi à vie. Il se constitue une classe d'« hommes politiques professionnels », pour qui la politique est désormais un métier et une source de revenus. Ils louvoient dans le système des combinaisons parlementaires — allez donc parler encore de « volonté du peuple »...

On est frappé, dans la majorité des parlements, par la prépondérance des juristes, des avocats. C'est la « juristocratie ». (D'autant plus qu'il y a une telle abondance de lois, leur système et la procédure juridique sont d'une telle complexité que le simple citoyen en devient incapable de se défendre devant la loi et a besoin, à chaque pas, du patronage dispendieux d'un avocat.)

Et en quoi elle peut se transformer

Bien sûr, le système démocratique donne la possibilité de surveiller de près l'action des fonctionnaires. Encore que, si étonnant cela soit-il, les démocraties contemporaines, elles aussi, sont équipées d'une pesante bureaucratie.

Pourtant, même avec le suffrage universel, la majorité est loin de toujours parvenir à exprimer sa volonté. Souvent le scrutin se déroule mollement. Dans nombre de pays occidentaux plus de la moitié des électeurs, jusqu'aux deux tiers parfois, ne se dérange même pas pour venir voter, ce qui fait de toute la procédure une chose pour ainsi dire dénuée de sens. Et il arrive que les votants se scindent numériquement de telle façon que c'est un parti minuscule, sans grande importance, qui fournit l'appoint d'un avantage infime : et c'est ce parti qui décide en quelque sorte des destinées du pays ou qui en gouverne le cours.

Cela, ce principe, S.L. Frank l'avait prévu depuis longtemps : même en démocratie, c'est la minorité qui a le pouvoir. De même V.V. Rozanov : « La démocratie, c'est le moyen par lequel une minorité bien organisée gouverne une majorité inorganisée. »

En effet, une démocratie souple, bien rodée, a l'art de priver de toute force les protestations des gens simples, de ne pas les laisser s'exprimer à haute et intelligible voix. La démocratie n'empêche pas que se commettent des injustices, et les filous savent échapper à leurs responsabilités. Ces procédés s'infiltrent comme une poussière dans les institutions de la démocratie et deviennent insaisissables. Aujourd'hui, c'est de la plus antique démocratie au monde, c'est de Suisse que nous parvient une mise en garde angoissée (Hans Staub) : les décisions importantes sont prises dans des lieux anonymes et incontrôlables, quelque part dans les coulisses, sous l'influence des « groupes de pression », des « lobbies ».

L'égalité juridique universelle laisse elle aussi une inégalité de fait entre les riches et les pauvres, donc entre les plus puissants et les moins puissants. (Encore que le niveau de « pauvreté », tel qu'on le comprend aujourd'hui en Occident, soit de beaucoup, beaucoup plus élevé que l'idée que nous nous en faisons.) Au XIXe siècle déjà, notre politologue B.N. Tchitchérine remarquait que, des aristocraties de toute sorte, une seule surnage jusque sous la démocratie : celle de l'argent. A quoi bon nier que l'argent, en démocratie, assure le pouvoir réel, que le pouvoir se concentre inévitablement entre les mains des gens qui ont beaucoup d'argent. Chez nous aussi, durant les années du socialisme pourri, dans l'« économie de l'ombre », il en a proliféré de ces gens, ils se sont acoquinés avec des huiles de l'administration ; jusque dans les années de la pérestroïka ils ont trouvé le moyen de s'enrichir dans l'embrouillamini de lois peu claires, et les voilà sur la piste de départ, prêts à se ruer à découvert ; il n'en est que plus important, dès le début, de contenir sévèrement toute espèce de monopole, pour ne pas avoir ensuite à en accepter l'omnipotence.

Cette angoisse encore : la pseudo-élite intellectuelle qu'engendre la rage de se faire voir et qui tourne en dérision le caractère absolu des notions de Bien et de Mal, sous le couvert du « pluralisme des idées » et des actes.

Dès ses origines, la démocratie européenne a été abreuvée par le sentiment de la responsabilité, de l'autodiscipline chrétienne. Cependant, peu à peu, ces fondements spirituels s'érodent. L'indifférence spirituelle est brimée, courbée par la dictature de la trivialité, de la mode et des intérêts de groupe.

Nous n'entrons pas dans la démocratie à l'heure où elle se porte le mieux.

Les partis

De nos jours, nous en sommes arrivés à ne pas plus pouvoir nous représenter la vie politique sans partis que la vie privée sans famille.

Un mois avant le coup d'État d'octobre, Trotski s'exclamait : « Qu'est-ce qu'un parti ? C'est un groupe de gens qui cherche à obtenir le pouvoir pour avoir la possibilité de réaliser son programme. Un parti qui ne veut pas du pouvoir est indigne de s'appeler "parti". »

Certes, le parti bolchévique est un parti unique au monde. Toutefois, le phénomène des partis est ancien et depuis longtemps compris au point que déjà Tite-Live a écrit : « La lutte entre les partis est et sera toujours un malheur bien pire que la guerre, la famine, la peste ou n'importe quel autre courroux divin. »

« Parti » signifie *part*. Se diviser en partis, c'est se diviser en parts. Un parti-part du peuple, à qui s'oppose-t-il ? Évidemment au reste du peuple qui ne l'a pas suivi. Chaque parti se donne de la peine avant tout pour lui-même, pour ses membres et non pour la nation entière. L'intérêt national est estompé par les fins partisanes : avant tout, ce qui est nécessaire au parti pour être réélu la prochaine fois ; si quelque mesure utile à l'État et au peuple a pour provenance un parti à nous hostile, il est admissible de ne pas le soutenir. Les intérêts des partis, leur existence même, d'ailleurs, ne coïncident nullement avec les intérêts des électeurs. S. Kryjanovski estimait que les vices et même l'effondrement du régime parlementaire provenaient précisément des partis, qui nient l'existence de la nation et le concept même de patrie. La lutte des partis remplace la recherche de la vérité, c'est une bataille pour le prestige du parti et la conquête de morceaux de pouvoir exécutif. Les groupes dirigeants des partis politiques inévitablement se transforment en une oligarchie. Et à qui les partis rendent-ils des comptes, si ce n'est à leurs propres comités ? une instance qui n'est prévue dans aucune constitution.

La compétition entre les partis dénature la volonté populaire. Le principe même de l'appartenance à un parti étouffe la personnalité et son rôle, tout parti est simplification et grossissement de la personne. L'homme a des conceptions, le parti — une idéologie.

Que peut-on maintenant souhaiter à la future Union de Russie ?

Aucune décision radicale concernant les destinées de l'État n'est du ressort des partis et ne peut leur être confiée. Laissez s'ébattre les partis, et ce sera la fin de nos provinces, l'abrutissement total de nos campagnes. Ne donnons pas aux « hommes politiques professionnels » la possibilité de substituer leurs personnes à la voix du pays. Pour tout ce qui nécessite des connaissances professionnelles, il y a l'appareil des fonctionnaires de l'État.

N'importe quel parti, de même que toute association ou union, existe librement, ni plus ni moins, exprime et défend n'importe quelle opinion, mais doit être public, enregistré avec son programme. (Toute union secrète, en revanche, sera poursuivie au criminel en tant que complot contre la société.) Mais n'est pas tolérable l'immixtion des partis dans les processus de production, d'administration, d'instruction : tout cela est hors politique.

Dans toutes les élections qui relèvent de l'État les partis, concurremment avec n'importe quels groupes indépendants, ont le droit de proposer des candidats, de faire de la propagande en leur faveur, mais sans constitution de *listes* du parti : on élit des individus, non des partis. Toutefois un candidat élu doit, pour toute la durée de son mandat, quitter le parti auquel il appartiendrait et agir sous sa seule responsabilité personnelle devant toute la masse des électeurs. Le pouvoir est une chose sacrée, il consiste à servir et ne saurait être l'objet de la concurrence des partis.

Conséquence : à tous les degrés du gouvernement de l'État, du bas au sommet, il est interdit de former des groupes de membres d'un même parti. Et d'elle-même cesse d'exister la notion de « parti dirigeant ».

La démocratie des petits espaces

Des remarques critiques formulées ci-dessus sur la démocratie contemporaine, il ne suit nullement que la future Union de Russie n'ait pas besoin de démocratie. Elle en a le plus grand besoin. Mais, étant donné la complète impréparation de notre peuple aux complexités de la vie démocratique, elle doit peu à peu, patiemment et solidement se construire *par en bas*, et ne pas être simplement proclamée d'en haut à son de trompe et précipitamment, d'un seul coup, dans toute son ampleur et son étendue.

Tous les défauts mentionnés ne s'appliquent quasiment pas à la démocratie des petits espaces : petite ville, bourg, bourgade cosaque, canton (groupe de villages) et jusqu'aux limites d'un district (d'un rayon*). C'est uniquement sur un territoire de cette ampleur que les gens pourront déterminer sans se tromper leurs élus, bien connus d'eux tant pour leurs aptitudes pratiques que pour leurs qualités d'âme. Ici, point ne tiendront les fausses réputations, ici, rien n'y feront l'éloquence trompeuse ou les recommandations des partis.

Voilà bien dans quelle ampleur de territoire peut commencer à grandir, à se fortifier et à prendre conscience d'elle-même la nouvelle démocratie de Russie. Et voilà ce que nous possédons de plus vital et de plus sûr, voilà en effet qui défendra avec succès dans nos contrées un air et de l'eau non empoisonnés, nos maisons, nos appartements, nos hôpitaux, crèches, écoles, notre approvisionnement local, et qui favorisera vigoureusement la croissance d'une initiative locale libre de toute contrainte.

Sans autogestion locale correctement organisée, point de vie solide et de qualité, et d'ailleurs la notion même de « liberté civique » perd son sens. La démocratie des petits espaces a ceci de fort qu'elle est *immédiate*. La démocratie est véritablement efficace là où peuvent fonctionner des *assemblées du peuple* et non des assemblées seulement représentatives. Les premières ont apparu dès Athènes, et même avant. Elles fonctionnent aujourd'hui avec assurance aux États-Unis et dirigent la vie locale. J'ai eu aussi la chance d'en observer un exemple en Suisse, dans le canton d'Appenzell. J'en ai déjà parlé ailleurs mais ne puis résister au plaisir d'en redire ici quelques mots. Sur la place de la ville on voit rassemblés, serrés côte à côte tous ceux qui ont le droit de vote (« capables de porter une arme », comme le proposait aussi Aristote). Le vote est public, à main levée. Le chef de leur gouvernement cantonal, le « landammann », fut réélu volontiers, manifestement on l'aimait, mais, des projets de loi qu'il proposa ensuite, trois furent rejetés : nous te faisons confiance ! gouverne-nous, mais sans cela !

Et le landammann Raimond Broger avait dit dans son discours-programme : Voilà déjà plus d'un demi-millénaire que notre communauté n'a pas substantiellement changé les formes dans lesquelles elle se gouverne elle-même. Nous sommes guidés par la conviction que la *liberté* est liée à nos obligations et à notre faculté d'autolimitation. Faute de discipline et d'honnêteté, ni les individus ni l'État ne peuvent connaître la liberté. Le peuple est le juge qui décide dans toutes les questions importantes, mais il ne peut siéger chaque jour pour diriger l'État. Et c'est la raison pour laquelle le gouvernement comporte inévitablement une part d'aristocratie et même de monarchie. (Même chose aussi dans Aristote.) Ce gouvernement, continuait Broger, ne doit pas courir après les suffrages hésitants et changeants du peuple, il doit avancer à contre-courant. La tâche du gouvernement est d'agir comme agirait une majorité populaire raisonnable, si elle savait tout dans tous les détails, chose de plus en plus impossible étant donné la surcharge croissante de l'État. C'est précisément le système démocratique qui exige la présence d'une main ferme, capable de maintenir clairement sur le bon cap le gouvernail de l'État.

En Russie aussi, la démocratie des petits espaces a existé pendant des siècles. Ce fut le cas, à travers les siècles, du *mir* russe au village, et, à d'autres époques, des *vetcha**, ces assemblées de ville, de l'auto-administration des cosaques. Une autre forme encore en a grandi et a parcouru pas mal de route depuis la fin du siècle précédent : le *zemstvo**, limité seulement, hélas, au district et à la province, sans la racine qu'aurait constitué le zemstvo de canton et sans le couronnement panrusse. Le coup d'État d'Octobre, par un acte de violence, a brisé tous les *zemstvos* pour les remplacer par des *soviets*, dès le début comprimés par le parti communiste. Toute notre histoire depuis 1918 a jeté le discrédit sur ces soviets : jamais ils ne furent, à quelque niveau que ce soit, une auto-administration réelle. Les timides modifications que l'on est en train d'y introduire ne sauraient sauver cette forme institutionnelle : elle ne garantit pas les intérêts locaux en en faisant sentir l'influence à travers toute la structure. Je pense que les « soviets de députés » doivent être pas à pas, de bas en haut, remplacés par un système de zemstvos.

***

Adonné depuis de nombreuses années à l'histoire de l'État dans la Russie prérévolutionnaire, je mets ici à profit l'expérience de nos meilleurs hommes et têtes pratiques, en y joignant le fruit des recherches que j'ai pu mener. Bien entendu, cette expérience ne peut être purement et simplement transposée dans notre pays, mis en pièces comme il l'est aujourd'hui, où sont dénaturés jusqu'aux fondements de la vie, mais sans elle, notre renaissance a peu de chance de se produire de façon sage.

J'utilise également ici les notions et expressions d'avant la révolution, pour ne pas en fabriquer une troisième série. La vie se chargera d'en remplacer certaines, d'autres feront leur chemin.

Le zemstvo

Nous en distinguerons quatre degrés :

— zemstvo local (petite ville, rayon de grande ville, bourg, canton) ;

— zemstvo de district (rayon actuel, grande ville) ;

— zemstvo panrusse (de toute l'Union).

Complètement déshabitués d'une autogestion effective, nous avons à assimiler peu à peu ce nouveau cheminement en partant des degrés inférieurs. Dieu nous préserve des politiciens de passage, mais il importe que maintes et maintes gens dans la population acquièrent l'habitude de la politique.

On ne peut voter que pour des individus. Ceux-ci, à l'intérieur d'un zemstvo local sont ordinairement bien connus des électeurs. Il est souhaitable que les campagnes électorales soient les plus discrètes et les plus brèves possible : une simple notification concrète des programmes, biographies et opinions des personnes ; cette procédure ne doit entraîner aucune dépense de crédits d'État, locaux simplement, à la discrétion des forces locales. De nombreux détails de procédure doivent également être réglés sur place, et ils peuvent être fort différents d'un lieu à un autre.

Mais obligatoires pour tous doivent être :

1. *Des conditions d'âge.* Quel âge doit avoir l'électeur pour être admis à décider des destinées du peuple ? La jeunesse de nos jours, manque de maturité, ne reçoit d'éducation stable ni dans la famille ni à l'école, a la tête farcie d'une instruction superficielle, elle est par moments sujette aux influences les plus irresponsables. Ne convient-il pas de relever le seuil jusqu'à vingt ans ? (A la discrétion des organismes locaux ou des territoires nationaux, cette limite d'âge peut être rehaussée.) Et pour être élu, à partir de trente ans seulement ? de vingt-huit ?

2. *Des conditions de résidence.* Et les électeurs, et, à plus forte raison, les élus doivent être enracinés dans une localité donnée, étroitement liés à ses intérêts, comprendre ceux-ci à fond ; de récents arrivants ou des gens totalement occasionnels ne sauraient avoir ici la responsabilité d'une opinion, Pour les électeurs, la résidence ne devrait pas être inférieure aux trois dernières années pleines sans interruption marquante. (Chaque organisme local peut instaurer chez lui une durée plus élevée.) Pour les élus, pas moins des cinq dernières années (ou, admettons, des trois dernières, sans interruption, plus cinq ans antérieurement).

Au zemstvo local sont élus un certain nombre de législateurs (« grands électeurs »). Ils désignent des administrateurs responsables devant eux en permanence. Dans un canton, un petit bourg, ce peut être en tout et pour tout une seule personne. Au niveau du district, un comité exécutif de zemstvo, qui choisit en son sein ou constitue à partir de techniciens une assemblée de zemstvo de district.

Les nouveaux élus succèdent dans leurs pouvoirs aux soviets existants des députés locaux et de districts, et ces soviets eux-mêmes disparaissent.

Les élections au zemstvo local sont toujours directes, au zemstvo de district — selon les dimensions de ce dernier et la notoriété que peuvent escompter les candidats sur toute sa superficie. En cas de territoire étendu et de population dense, il est plus sûr d'appliquer un suffrage à deux degrés : les zemstvos locaux se substituent immédiatement aux soviets locaux et, après avoir fonctionné pendant la moitié de leur mandat, pris connaissance et conscience de ce qu'ils sont, désignent en leur sein une certaine proportion de membres pour aller siéger à l'assemblée du zemstvo de district jusqu'à la fin du mandat et aux élections nouvelles. (L'existence des précédents soviets et comités exécutifs de rayon est prolongée de la durée de ce premier demi-mandat.)

Pour le premier mandat électoral (deux

ans ?), aucun zemstvo n'est élu de niveau plus élevé que le district. Étant donné notre inexpérience politique, les zemstvos locaux et de district, dans le travail pratique d'administration de leur ressort territorial, joueront aussi le rôle d'école d'administration, et il commencera de s'y manifester et de s'y former des hommes d'une plus large envergure. Convaincant également est l'exemple récent des comités de grève de mineurs et des « unions de travailleurs », qui ont fait preuve de tant d'esprit conscient et de sens de l'organisation.

Les niveaux de transmission du pouvoir

Étant donné l'étendue géographique et les conditions matérielles d'existence de notre pays, des élections législatives directes à un parlement de l'État entier ne sauraient être fécondes. Seules des élections à trois ou quatre degrés sont à même de promouvoir des candidats ayant déjà fait leurs preuves et enracinés dans leurs petits pays. Ce sera non pas l'élection de gens venus de loin, peu connus, n'ayant fait qu'un peu de figuration pendant la campagne électorale, mais un scrutin fondé sur plusieurs années de connaissance et de confiance mutuelle.

A la fin du premier (ou même du second) mandat électoral se déroulent les élections du troisième degré : à l'assemblée régionale de zemstvo. Elles sont organisées par les assemblées de zemstvo de district (et par l'assemblée de zemstvo de la capitale régionale), qui, s'étant étudiées à fond, désignent en leur sein pour toute la durée du mandat suivant la part proportionnelle de délégués qui aura été assignée à leur région ; elles-mêmes alors se soumettent à réelection.

L'assemblée de zemstvo régionale ainsi constituée remplace immédiatement le soviet de région ; en lieu et place de l'*ispolkom**, elle forme un comité exécutif régional de zemstvo ; elle-même, tout au long de la mandature telle qu'elle aura été décidée, ne se réunit que pour les quelques sessions prévues, entre celles-ci les membres de l'assemblée résident dans leurs districts. (L'ensemble du système une fois bien rodé, la durée du mandat électoral peut être partout prolongée.)

Ici, il serait bon de ne pas oublier le conseil donné par l'éminent membre de nos doumas que fut D.N. Chipov : pour corriger les possibles oublis dus au hasard des scrutins, chaque assemblée a le droit, non pas en procédant à un vote, mais d'un commun accord, d'inviter à siéger parmi elle, à concurrence du cinquième au plus de son effectif total, des personnalités locales connues de tous comme utiles et nécessaires. Dans les conditions qui nous attendent, cela permettra à certains éléments actifs, pleins de réussite, des soviets de rayon, de région, plus tard aussi du Soviet Suprême, d'être accueillis sans heurt au sein du nouveau pouvoir.

Plus le zemstvo de région aura d'autorité, plus fortes seront l'indépendance et l'autosuffisance des républiques nationales autonomes et des territoires nationaux autonomes.

Je ne me risque pas ici à conjecturer quels seront le rôle et la place des actuels Soviets Suprêmes de la Fédération de Russie, de l'Ukraine et de la Biélorussie, mais il est normal de proposer qu'à la fin du mandat suivant, les assemblées de zemstvos de régions élisent en leur sein des délégués à la Chambre de l'Union (remplaçant le Soviet des Nationalités) du Grand Conseil des Zemstvos (remplaçant le Soviet Suprême des députés), tout en se soumettant elles-mêmes selon le même principe à la réélection par les assemblées de district.

Le système actuel de deux chambres d'égal pouvoir — Soviet de l'Union et Soviet des Nationalités — n'a rien de mauvais, à condition de fonctionner sans faux-semblants ni filouterie. La Chambre des Nationalités pourrait même demeurer sans changement dans le Grand Conseil des Zemstvos, en laissant toutefois à chaque nation la faculté de décider elle-même de la procédure (et de la durée de mandat) selon laquelle elle désire occuper les sièges qui lui auront été dévolus : élections générales ou délégations de pouvoirs.

Le Soviet de l'Union tel qu'il existe aujourd'hui obéit dans sa composition à un principe mixte et confus : partie un scrutin territorial, partie une désignation par le P.C.U.S. et les organisations sociales. Cela est inacceptable, même pour la période transitoire (quatre ans ? six ?) et doit être, d'une façon ou d'une autre corrigé. En outre, ce Soviet est balourd et affligé par-dessus le marché, d'un Congrès des Députés, ce qui ne fait que dupliquer et compliquer le travail législatif.

Pour que soit construit avec succès un système de zemstvos couronné par le Grand Conseil des Zemstvos, il importe qu'aient pu travailler et acquérir de l'expérience les assemblées de district et de région, et que les représentants des régions, après avoir fait dûment connaissance, puissent désigner pour siéger au Grand Conseil des délégations (soit permanentes, pour toute la durée du mandat, soit alternantes, pour une partie seulement), où l'expérience régionale se fonderait avec l'expérience panrusse et serait toujours solidement représentée. Un parlement ne peut pas être abstraitement « central » : il doit être composé de représentants régionaux réels, ayant de l'autorité, et soumis en outre à la condition *sine qua non* de devoir résider dans leur circonscription une partie appréciable de l'année (il en est ainsi aux États-Unis).

Un système conjoint de gouvernement

Il s'agit de la conjugaison raisonnable de l'action exercée par la bureaucratie centralisée et par les forces sociales.

Pareille conjugaison a déjà existé par périodes dans la Russie Moscovite : l'autogestion locale dirigeait non seulement les affaires locales, mais une partie des affaires de l'État tout entier, sous la surveillance toutefois du pouvoir central.

En 1899, S. Iou. Witte, faisant valoir, au moyen d'un raisonnement pseudo-probant, que l'autocratie était prétendument incompatible avec une large autogestion locale, retint Nicolas II d'accorder une extension des droits des zemstvos. (Peu de temps après, L. Tikhomirov, ancien membre de la Volonté* du Peuple devenu monarchiste, réfuta ce raisonnement, mais ne fut pas écouté.)

La bureaucratie centralisée s'efforce par inertie de restreindre les espaces d'autogestion dévolus aux forces de la société civile. Mais cela n'est utile qu'à la seule bureaucratie, le peuple n'en a nul besoin, ni même, d'ailleurs, le gouvernement. Lorsque les temps sont sereins, les forces locales ont une grande soif d'activité, et il faut leur laisser le champ le plus libre possible. Pour reprendre la formulation de Tikhomirov : dans tous les domaines où, par elles-mêmes, les forces de la société locale sont capables de faire observer les normes générales, l'action des institutions d'État est superflue et même nuisible, car elle affaiblit sans nécessité l'aptitude de la nation à l'activité autonome. Partout où est admissible l'action directe des forces populaires — autogestion locale ou encore activités d'associations, d'unions particulières, — ce champ d'action directe doit leur être ouvert.

En outre, ce soubassement de forces de la société est irremplaçable pour contrôler le système bureaucratique de l'État et il oblige n'importe lequel des fonctionnaires de celui-ci à travailler avec honnêteté et agilité.

Pareil système conjoint, cette action pratique mutuelle de l'administration gouvernementale et de l'autogestion locale est ce que Chipov appelait un régime *mi-État mi-zemstvo*.

Mais une conjugaison d'un type spécial va se produire dans l'actuelle période de transition et qui ne sera peut-être pas si brève. Le temps que les forces de la société s'accroissent lentement par le bas, acquièrent le sens de l'État, forment leurs propres cadres, — la bureaucratie en place, habituée à l'omnipotence sans contrôle, va se buter et refuser par tous les moyens de céder ses droits. Cependant ceux-ci se feront de plus en plus étroits au fur et à mesure qu'auront surgi dans le pays des activités économiques autonomes. En outre, dans les actuels soviets récemment élus, transitoires, montrent déjà ce dont elles sont capables des forces constructives, qui favoriseront cette extension de l'activité autonome de la société civile.

Propositions pour le pouvoir central

Le pouvoir présidentiel aujourd'hui, étant donné l'immensité de notre pays et l'abondance des problèmes qui s'y posent, est loin d'être de trop. Mais tous les droits du chef de l'État ainsi que toutes les situations conflictuelles possibles doivent être strictement prévus par la loi, à plus forte raison le mode d'élection du président. Celui-ci ne jouira d'une autorité véritable qu'à l'issue d'une élection par le peuple tout entier (pour cinq ans ? sept ans ?). Toutefois il ne faut pas gaspiller les forces populaires dans une campagne électorale cuisante, passionnelle, de plusieurs semaines ou même mois, consacrés pour l'essentiel à dénigrer le concurrent. Il suffira que le Grand Conseil des Zemstvos distingue et examine avec soin quelques candidatures de citoyens nés dans le pays et y ayant vécu constamment durant les sept ou dix années précédentes. A l'issue de ces examens, le Grand Conseil, pour chaque candidat, publie une seule fois et avec la même étendue pour chacun d'eux, une justification de sa candidature et un résumé des objections qui auront été faites. Après cela, le scrutin populaire (à un ou deux tours, à la majorité absolue) pourrait avoir lieu sans campagne électorale tendue et épuisante. (Il est évidemment raisonnable, comme dans le modèle américain, de prévoir aussi la fonction de vice-président : chaque candidat à la présidence désigne le sien et ils sont élus ensemble.)

Si, au cours du mandat présidentiel, le Grand Conseil, à la majorité des trois quarts de chacune de ses deux chambres, constate que le Président s'acquitte de ses obligations de façon insatisfaisante, il doit rendre publics ses considérants dûment prouvés, et ceux-ci sont soumis aux suffrages du peuple, en même temps que d'autres candidatures éventuelles. Si, au contraire, à l'expiration de son mandat, le Grand Conseil des Zemstvos, à la majorité des deux tiers dans chaque chambre, continue de soutenir le Président, on ne voit pas de raison de ne pas laisser celui-ci accomplir un autre mandat, sans qu'il faille recourir à un nouveau scrutin populaire. Si le président meurt dans la seconde moitié de son mandat, le vice-président le remplace dans son poste jusqu'à l'expiration du mandat ; dans la première moitié, — on procède à de nouvelles élections par tout le peuple.

Le président nomme le conseil des ministres à sa discrétion, de préférence parmi des techniciens recrutés par concours en qualité de fonctionnaires de l'État ; il n'est pas souhaitable que ce soit parmi les membres des chambres législatrices. Les ministres rendent des comptes tant au président qu'aux deux chambres, mais ne peuvent être congédiés par celles-ci. (On peut ne pas abandonner un point du programme de P.A. Stolypine, juste avant sa mort : deux ou trois ans d'une École supérieure destinée à pourvoir aux emplois supérieurs de l'État, ouverte aux brillants sujets des universités, montrant d'évidentes motivations pour la vie publique ou munis de recommandations personnelles ; l'École supérieure se composerait de facultés à profils ministériels. Stolypine prévoyait un ministère de l'Autogestion locale, pour venir en aide à celle-ci.)

Comme le définit notre juriste V.V. Léontovitch : ce qui distingue le gouvernement de l'administration (de la bureaucratie), c'est que le premier résout les *nouveaux* problèmes, et la seconde — les anciens, déjà établis. D'où l'exigence d'un haut degré de qualification chez les ministres ; si le gouvernement lui-même se laisse aller à la bureaucratie, il perdra l'aptitude à diriger le pays.

Mais le fait de travailler dans le système administratif ne doit être ni une récompense, ni un privilège, ni non plus apporter aucun avantage personnel. « Féconde est uniquement l'ac tion du gouvernement qui ne se voit pas autrement que comme ayant des devoirs », a dit M.N. Katkov. Et après tout ce que nous avons vécu, tout *pouvoir* comme concept a une dette inépuisable vis-à-vis du peuple. Aujourd'hui, pour réparer et rattraper tout ce qui a été ruiné, les services du gouvernement doivent travailler de toutes leurs forces, fût-ce au prix d'une journée de travail plus longue.

Nous ne pouvons en presque rien copier la Suisse, tant du fait de ses dimensions que par ce qu'elle s'est constituée comme une union de cantons indépendants. Mais il y a une chose que nous pouvons sans aucun doute leur emprunter : à partir d'un certain nombre de milliers de signatures, un projet de loi est obligatoirement soumis à l'examen des chambres ; à partir d'un autre nombre, plus grand (chez nous : de millions), un référendum devient obligatoire sur la question posée. Cette initiative des lois donnée aux masses augmente la souplesse de la vie publique.

En dehors de tels référendums et des rares élections présidentielles, aucun autre scrutin national ne serait plus nécessaire

Une structure consultative

J'ajoute ce chapitre non pas à l'intention du moment présent, mais il me semble très important pour l'avenir lointain de notre État.

Se remémorant sa riche expérience à la Douma, V. Maklakov notait : les succès les plus durables de la démocratie sont obtenus non pas par la victoire de la majorité sur la minorité, mais par un accord entre celles-ci. Pour un pays politiquement inexpérimenté, il recommandait même la création d'une *troisième chambre* au parlement, « constituée à partir de la minorité expérimentée et cultivée » : pareil barrage s'opposerait aux libres débordements de la démocratie, mais il serait un moindre danger pour celle-ci que le pouvoir illimité de la majorité.

Faisons un pas de plus vers cette idée : pour prendre les décisions au niveau del'État, il faut évidemment rechercher une forme plus haute que le simple vote mécanique. S'en remettre pour tout au vote à la majorité revient à établir la dictature de celle-ci sur la minorité et sur les *opinions réservées*, qui sont justement les plus précieuses pour la recherche des voies d'évolution.

Il est inconcevable que les pouvoirs publics atteignent un niveau élevé d'activité sans que soit établi au-dessus d'eux un contrôle d'ordre éthique. Celui-ci pourrait être assuré par une instance morale suprême ayant voix consultative ; dans une pareille structure il n'est presque jamais procédé à un vote, mais toutes les opinions pour et contre y sont solidement argumentées, et il s'agit des voix les plus prestigieuses que l'on puisse entendre retentir dans le travail politique.

Notre histoire a connu un analogue durable de cette structure : l'Assemblée de la terre *(Zemski* sobor)* en Moscovie. Pour s'exprimer comme D. Chipov : lorsque le Zemski sobor était convoqué, il ne s'y déroulait aucune lutte entre le Souverain et les assemblées et on ne connaît pas de cas où le Souverain ait agi contre l'avis consensuel *(sobornoïé mnénié)* de l'assemblée : en se désolidarisant de celle-ci, il n'eût fait qu'affaiblir sa propre autorité. La consensualité *(sobornost')* est un système de confiance, elle suppose que l'unité morale est possible et réalisable.

A un tel plan pourrait correspondre, dans l'idéal, une Douma (Douma Consensuelle ? Douma d'État ?), déléguée pour ainsi dire par la conscience du peuple, composée d'hommes de prestige, ayant fait preuve d'une haute moralité, de sagesse, d'une riche expérience de la vie. Mais on ne voit pas de méthode incontestable pour sélectionner de tels hommes.

Substitut possible : une Douma composée à partir des diverses couches sociales et professions, on pourrait dire : à partir des « états » *(soslovia)*. (Selon Dahl*, la première signification de ce mot est : personnes ayant la même occupation, des droits égaux ; la seconde : état social, catégorie, caste.)

Ce sont là les deux principes les plus naturels de collaboration et de coopération entre les hommes : d'après le territoire commun sur lequel ils vivent ; et selon leur genre d'occupation, la direction de leur activité. Chacun de nous a son travail, sa qualification, et, de ce fait même, trouve une place utile dans la structure de la société. La totale égalité dépersonnalisée des diverses expressions des hommes est entropie, marche à la mort. La société est chose vivante précisément de par sa différenciation. Portent sur eux la charge de l'État les hommes qui pensent, travaillent et créent tout ce dont vit le pays. Mieux la nation est organisée en groupes sociaux, plus manifestes se font jour ses forces créatrices (L. Tikhomirov).

Dans notre société libérée il est hors de doute qu'avec les années se constitueront et s'uniront des « états » aptes à la vie, des corporations non pas au sens de castes, mais selon les professions et les branches d'application du travail. Trop longtemps chez nous toutes choses ont été du ressort de ceux qui n'y entendaient rien. Chaque chose, enfin, doit être dirigée par ceux qui savent. (Ces corporations, fondées sur la collaboration en esprit et en action des gens d'une même profession ne doivent surtout pas être confondues avec des *syndicats*. Membre d'une corporation, vous l'êtes d'office, du seul fait de votre genre de travail. Le syndicat, lui, est une organisation de lutte pour les salaires et les conditions matérielles, tous n'en deviennent pas membres et lui-même n'accepte pas tout le monde.)

A titre de complément à la représentation territoriale des zemstvos pourrait grandir et agir une représentation des « états ». (Et une partie de l'énergie improductivement dépensée dans les partis se dirigerait vers le travail constructif dans les « états ».)

Chaque corporation déterminerait elle-même la procédure d'élection (ou de désignation) de ses députés à la Douma Consensuelle. Elles y enverraient (chacune des plus importantes à raison de deux délégués) non point des députés politiques et non point chargés de défendre leurs intérêts politiques, mais leurs membres les plus expérimentés, les plus dignes, à qui seraient confiés les avis communs touchant le genre d'activité de leurs corporations.

Pour faciliter la concentration du travail, le nombre des membres de la Douma ne devrait pas dépasser le chiffre de 200-250 personnes. (Il peut y avoir plus de corporations,mais un groupe de petites corporations apparentées pourrait fort bien n'envoyer qu'un seul représentant.)

Opiner sans voter n'est nullement une nouveauté. Chez les montagnards du Caucase, par exemple, s'est longtemps maintenue une procédure non pas de vote général, mais de « consultation des sages ».

Toute opinion, sentiment ou demande, dûment motivée et adressée par plus de la majorité de la Douma au Président, au Conseil des ministres, à l'une ou l'autre des deux chambres ou au pouvoir judiciaire suprême est publiée. Et l'instance interpellée ou bien doit prendre cet avis comme directive, ou bien publier sous deux semaines les raisons pour lesquelles la demande est rejetée. (Dans les cas exceptionnels de secret militaire cet échange n'a pas lieu publiquement, mais, dans ceux-là aussi, les membres de la Douma sont en droit d'obtenir l'information nécessaire sur l'action présidentielle, gouvernementale, législative ou judiciaire.)

De même, un candidat à la présidence peut être proposé par plus de la moitié de la Douma.

Un avis de la Douma Consensuelle adopté *sans voix contre* frappe d'invalidation toute loi, tout acte de n'importe quel service officiel, et ladite loi, ledit acte doivent être modifiés. De la même façon peut être prononcé un veto sur toute candidature à la présidence.

L'adjonction d'une Douma Consensuelle consultative très compétente imprime une marque intellectuelle et morale sur toutes les sortes de pouvoir, tandis que les possibilités d'améliorer la société par des moyens uniquement politiques sont faibles.

« La fin de la vie en commun est d'établir entre les hommes un ordre moral. » (M.M. Spéranski) — « La liberté et la légalité, pour être durables, doivent s'appuyer sur la conscience intime du peuple. » (A.K. Tolstoï) — « La forteresse politique n'est solide que lorsqu'elle repose sur la force morale. » (V.P. Klioutchevski)

Le droit est le minimum d'exigences morales présentées à l'homme, en dessous duquel celui-ci devient un danger pour la société. « Dans de nombreux cas, telle chose qui est un droit est interdite par la morale, qui s'adresse à l'homme avec des commandements plus élevés et plus sévères. » (P.I. Novgorodtsev)

Le principe moral doit dominer le principe juridique. La justice est la conformité au droit moral.

Cherchons ensemble

Dans ce travail concis il ne m'a pas été possible de parler de l'armée, de la milice*, du système judiciaire, de la plus grande partie des problèmes législatifs, économiques et syndicaux. Mon dessein a été seulement de proposer quelques considérations particulières qui ne prétendent nullement être définitives et ne font que préparer le terrain pour la discussion.

La construction juste et raisonnable de la vie publique est une tâche d'une extrême difficulté et ne peut être réalisée que très progressivement, au moyen d'une série d'approximations et de tâtonnements successifs. Cette tâche est inachevée même dans les florissants pays occidentaux qu'il faut regarder avec des yeux non pas extasiés, mais grands ouverts ; le problème n'en est que plus sensible et aigu chez nous, avec notre pays dans un état de délabrement catastrophique et nos gens revenus de tout.

Il est difficile, cela dépasse même nos forces, d'élaborer pour l'avenir quelque plan harmonieux que ce soit : on y trouvera plus d'erreurs que de mérites, et il aura plus de mal à suivre le cours réel des choses. Mais il est tout aussi impossible de ne pas tenter de le faire.

Le travail qui est proposé ici est fondé sur les idées de nombreux Russes de diverses époques : j'espère que de leur réunion pourra naître un terreau fertile.

Juillet 1990.

Index

Assemblée constituante : première et dernière de ce nom en Russie ; élue en novembre-décembre 1917, elle fut dispersée (puis dissoute) le 6/19 janvier 1918 au petit matin, quelques heures après l'ouverture de ses travaux.

Blancs-Russiens : les Biélorusses.

Cadets : grand parti libéral d'opposition à l'absolutisme tsariste, fondé en 1905 ; arrive au pouvoir à la faveur de la révolution de février 1917.

Chronique dite de Nestor : fonds commun de toutes les chroniques russes, qui raconte l'histoire de la *Rous* depuis les temps immémoriaux jusqu'au tout début du XIIe siècle.

Concile local : concile limité à l'Église russe (d'où : « local »), qui se déroula en 1917-1918 et rétablit le Patriarcat.

DAHL Vladimir : 1801-1872, auteur d'un célèbre et très riche « Dictionnaire raisonné du russe », publié en 1863-1866 et souvent réédité depuis.

Douma : nom des assemblées consultatives (douma des boïars, en Moscovie) ou législative (« douma d'Empire », « douma d'État », 1906-1917). Il y eut quatre doumas législatives : 10 mai-21 juillet 1906, 5 mars-16 juin 1907, 14 novembre 1907-22 juin 1912, 28 novembre 1912-10 mars 1917.

« Fouet à quatre queues » : ainsi les opposants à l'absolutisme appelaient-ils en 1904-1906 la revendication du suffrage « universel, égal, direct, secret ».

Gouvernement *(goubernia)* : unité administrative de rang supérieur dans la Russie tsariste (dure jusqu'à la fin des années 1920). Les deux unités inférieures sont le « district » *(ouïezd)* et le canton *(volost')*.

Grands-Russiens : les Russes.

Ilitch Premier : Vladimir Ilitch Lénine.

Ilitch Deux : Léonid Ilitch Brejnev.

Ispolkom : comité exécutif (d'un Soviet de rayon, de région, etc.).

LOMONOSSOV Mikhaïlo : illustre poète et savant russe, né dans une famille de pêcheurs de la Russie du Nord (1711-1765).

Milice : nom de la police non politique en URSS.

Moskal : nom péjoratif que les Ukrainiens donnent aux Russes.

Petits-Russiens : autre nom (plus ancien) des Ukrainiens.

« Plaine sauvage » *(dikoïé polé)* : vastes étendues de steppes au sud-est de la Russie d'Europe, par où arrivaient les invasions des nomades.

Propiska : permis de résidence (dont la possession est obligatoire).

« Quatre républiques d'Asie centrale » : d'Ouest en Est . Turkménistan, Ouzbékistan, Kirghizie, Tadjikistan.

Rada : « conseil, assemblée » (en ukrainien). La « Rada centrale » d'Ukraine exista de mars 1917 à avril 1918.

Rayon : *raïon*, unité administrative de base (à la campagne et dans les villes) introduite en URSS à la fin des années 1920. L'unité supérieure est la « région » *(oblast')*.

Selkhoztekhnika : « Matériel agricole » ; organisme existant au niveau de chaque république fédérée, chargé de vendre aux kolkhozes et sovkhozes machines, pièces détachées, engrais, etc.

Tchékaguébé : la police politique ; nom forgé par l'auteur à partir des initiales désignant le premier et l'actuel organisme de ce genre en URSS · la Tchéka et le KGB.

Temps des troubles : période de l'histoire russe, marquée

par une très grave crise interne et externe, qui s'étend (au sens large) de l'avènement de Boris Godounov à celui des Romanov (1598-1613).

« Venez et soyez nos maîtres » : c'est en ces termes, selon la « Chronique », que les Novgorodiens se seraient adressés aux Varègues (tribu normande de Suède), pour leur demander de venir les délivrer de leur anarchie endémique.

Vetcha (pluriel de *vetché*) : assemblées générales populaires délibérantes dans certaines « républiques » de la Russie ancienne, notamment à Novgorod et à Pskov. Elles disparaissent entre 1470 et 1510, en même temps que leurs villes sont annexées par Moscou.

Volonté du peuple : *Narodnaïa volia*, organisation terroriste en Russie, issue du populisme, célèbre pour les attentats qu'elle commettait contre l'empereur et les dignitaires du régime tsariste. Après l'assassinat d'Alexandre II en mars 1881, traquée par la police et délaissée par le population, elle disparaît.

Zek : détenu du Goulag.

Zemski sobor : sortes d'« États généraux » convoqués irrégulièrement (en général, lors des crises) dans la Russie Moscovite.

Zemstvo : organisation d'autogestion locale en Russie (1864-1917) ; les zemstvos, une des « grandes réformes » d'Alexandre II, suscitèrent beaucoup de dévouements ; de leur sein sont sortis les partis libéraux après 1905.

Table

DANS L'IMMÉDIAT

A PLUS LONG TERME

Composition réalisée par C.M.L., Montrouge
Achevé d'imprimer en octobre 1990
sur presse CAMERON
dans les ateliers de la S.E.P.C.
à Saint-Amand-Montrond (Cher)
pour le compte de la librairie Arthème Fayard
75, rue des Saints-Pères – 75006 Paris

Dépôt légal : octobre 1990.
N° d'Édition : 218. N° d'Impression : 2281.

35.57.8407.01

ISBN 2.213.02635.1

Imprimé en France

35-8407-5